# 感情の整理学

和田秀樹



X-Knowledge

まえがき

## ●自殺する人は、有名無名を問わず、一人で思い詰めて死を選んでしまう

最近、有名芸能人の自殺のニュースが相次いでいます。

私は有名人とか芸能人がとくべつな人間とは思っていませんが、有名無名を問わず人の心の苦しみとか、最後に自殺に踏み切るプロセスには似たようなものがあるように思っています。

人それぞれ苦しみはあるでしょうが、一人でどんどん思い詰めて、誰にも相談できずに死を選んでしまうというプロセスは、ほとんどの自殺に当てはまるものです。

**一人で思い詰める際に、どんどんうつを悪化させる人や絶望して死を選ぶ人のほとんどが、「この道しかない」と思い、逃げ場を思いつきません。**

たとえばひどいいじめを受けている場合でも、**学校から逃げればいいという単純な逃げ道を思いつきません。**

まじめなエリートとされる人が仕事で行き詰ったときも、「その仕事だけが、あるいはエリートで居続けることだけが道でない」という発想がもてません。

人気番組「半沢直樹」の妻・花が「**生きていればなんとかなる**」という優しい言葉を夫にかけたことが心に刺さると、ネット民の間で話題になっているそうです。

これにしても、頑張らなくていい、生きていればなんとかなるという言葉以上に、「銀行員をやめても生きていける」というメッセージに大きな意味があると、私は考えています。本書でもたびたび取り上げていますが、ほかの選択肢が与えられること、今の道だけが道じゃないと思えることが心を軽くしてくれるのです。

もう一つは、ドラマでは、電話の受け答えから妻が察した形をとっていますが、現実にだれか支えてくれる人がいる、弱音を吐ける人がいてそれを受け止めてくれる人がいるだけで、自殺のリスクは大きく軽減することです。

この場合も自分がすべてを失っても妻がついてきてくれるという安心感が、半沢直樹の大きな支えになったことは間違いありません。

本書では、心を軽くするいくつかのテクニックを提示しています。ことの本質は、もう少し気楽にかまえて、ほかの道に気づくことと、困ったときは誰かに甘えてみるにつきるのです。

**●みんな「体の健康オタク」になっていて、「心の健康」に無頓着すぎる**

しょっちゅうイライラ、クヨクヨしてしまう。
いつ病気になるか、収入がなくなるか、ひとりになるかとビクビク。
失敗がこわくて、本当にやりたいことができない。
人の目が気になって、自分の意見もホンネも言えない。
運が悪いからムリだと思ってしまう。なにもしたくない。
生きていても仕方ない……。

**本書はまじめで心配症で突きつめやすい日本人に向けた、人生100年を生き抜く「感情の整理と健康長寿」についてのガイドブックです。**

新型コロナショックを経験して、私たちは改めて「基礎疾患のない健康な体」や「強い免疫力」のありがたさを、身に染みて感じました。

一方で、100歳以上の日本人は8万人を超えました（2020年厚労省発表）。「人生100年を、要介護にならず元気に生きぬきたい」と、みんな思っています。

ただ「体の健康オタク」になっていて、「心の健康」に無頓着すぎませんか？

健康の基本といえば、質のいい食事や運動、快眠、禁煙など。

ところが、不安や怒り、うつなどで心が乱れると食事も睡眠も乱れ、活動意欲も落ちるし、ニコチン、アルコール、ドラッグなどにも依存しやすく、万病のもとです。

**心さえ元気ならよく食べられ、よく動いて血流もよくなり、ぐっすり眠れます。**

だから、まずは感情を整理して芯から健康になりましょう。コツをつかむと、

1　小さな悩みに、大きく振り回されなくなる
2　心にためこんだストレスが、スーッと消える
3　考えすぎて失敗、後悔することが減る

部屋を片付けたように心がすっきりととのって、体調が劇的によくなりますよ。

## ●がん患者が大笑いしたら、免疫活性が上昇。感情は寿命を左右する

免疫力も感情に左右されます。

私たちの体に備わった免疫システムが、ウイルスや細菌、毒物、がん細胞などを防衛して命を守ってくれることは、よく知られていますね。

その働きに、感情は大きく影響します。

たとえば大事なイベントを乗りきって緊張がプツッと切れると、よく風邪をひきますね。がん患者を含む19人(20〜62歳)が漫才などで3時間大笑いしたら7割の人の免疫活性が上昇した、という報告もあります。元気な１００歳研究などで、前向きで明るい人、生きがいがある人の生存率も明らかに高いことがわかっています。

私は、感情の整理とは「不安」「怒り」「意欲」の整理だと思っています。

コツは「**感情の向きを変える**」「**思考の幅を広げる**」「**発散上手になる**」こと。

自分のことを例にとると、精神科医として長年いろいろな心の理論を学び、患者さんを診てきましたが、人一倍イライラしやすい気性は全く変わっていません。

車の運転中はよく「クソー、早く動けよ！」などと、罵詈雑言をわめいています。え、ぜんぜん感情を整理できてないじゃないかって？

いいえ、運転するときはいつもひとりだし、窓は閉めきり、あおり運転はしません。**怒ること自体は悪いことじゃなく、前向きな起爆剤になることも多い。**

怒りに振り回され、テンションが上がって「我を忘れて」、ナマの怒り感情を人にぶつけることが問題なんです。**カーッとしたときなんとかやり過ごす方法や、感情を心おきなく発散できる場を持つことは、感情の大事な整理学です。**

目次を見わたして、目に止まった感情の整理学を、どうぞひとつだけでも実践してみてください。少しでもお役に立てたら著者として幸甚この上ありません。

# 感情の整理学　目次

## 第２章　悲しみの整理学

## 第4章　劣等感の整理学

## 第5章　自己愛の整理学

## 第6章　性格と病気の整理学

## 第7章　口グセの整理学



デザイン　田中俊輔（PAGES）
構成　日高あつ子
印刷　シナノ書籍印刷

第1章

# 心の不安の整理学

# 不安

新型コロナパニックで思い知った、
不安は最もコントロールがきかず、
「目の前の心配」しか見えなくなる魔物。
動いて気分転換、日課、「楽しみ」が効く

## ●不安の正体は「大切なものを失う恐れ」。ストレスホルモンで頭の中がまっ白に

不安のない人はいませんね。**不安感情は、すべての感情の中で最もコントロールがきかず、人の判断力を狂わせるモンスター**。その正体は「大切なものを失う」ことへの恐れです。特に、健康や収入や家・家族を失う不安は人をパニックに陥れます。

みんなでそれを体感したのが、新型コロナ騒動。未知のウイルスへの不安に市民も学者も政府も煽られ、デマが飛び交い、マスクだけでなく、トイレットペーパーやうがい薬の買い占め、自粛警察、特別定額給付金やアベノマスクやＧｏ Ｔｏトラベルの大迷走…珍騒動が続出しました。

不安や恐怖に支配されると、私たちは「目の前の心配ごと」しか見えなくなり、冷静な判断ができない「心理的視野狭窄」にハマります。

これはストレスホルモン、コルチゾールのしわざ。興奮して頭がまっ白になり、「○○するしかない」と思いこんでしまう。人の意見を冷静に聞いたり、客観的に状

況を分析することができなくなるんです。コルチゾールは、血中濃度が高い状態が長く続くと脳を委縮させてしまうほど、強力な物質です。

**●どんな感情も、放っておけばだんだんおさまってくる。すぐ動いて気分転換を**

不安は日々、数限りなくわいてきます。「地震がくるのでは」「クビになるのでは」「老後破産しそう」「嫌われるのでは」「がんになるのでは」…。

芥川龍之介が「将来への唯ぼんやりとした不安」という言葉を遺して自殺したように、どんな不安でも、とらわれてしまうと命を縮めるので、要注意です。しかも、不安というものは打ち消そうとしても、グルグル考え続けても余計にふくれあがるので、「どんな感情も、放っておけばおさまる」という整理術をおすすめします。

不安がわいたら「〇〇のことで、私は今とても不安です」と口に出して受け入れ、5回ぐらい、ゆっくり深呼吸。これでコルチゾール濃度が下がってラクになります。

そして「すぐ動く」。背伸び、机の片付け、お茶を飲む…。**心の器はしょせん小さく、立ち上がった瞬間に別件が浮かぶなど、感情はかんたんに入れ替わります。**

また、体調が悪いなら検査を予約、お金がないなら副業を探すなど、不安解消に向けて「なにかやってみる」と気分も変わり、悩み続けるよりはるかに有意義です。

日課も心を安定させます。長寿の職業、お坊さんは早起き、掃除、お供え、読経など多くの「お勤め」を毎日欠かさず行うことも、心の安定につながっています。見習って、朝食を作る、ラジオ体操、草花の世話などの日課を決めて無心に実行すると心が安定しますよ。早歩き、なわとびなどリズミカルな有酸素運動も効果的。

「お楽しみ」も大事です。私の患者さんの多くはうつ病や不安障害を抱えていますが、ほぼ全員まじめな完璧主義者で、気分転換が苦手です。

「おいしいものを食べたい」などの欲望にも罪悪感を感じる人が多いです。心からやりたいこと、楽しいこと、好きなものを、ぜひ見つけてください。

心に余裕ができると「**不安はみんなにある。いちいちビビってたら身が持たない**」「**ほっときゃ消える**」と開き直れたり、「まてよ。データをもっと当たってみよう」「相談窓口をさがそう」と、視野が広がって客観的に考えられるようになります。

不安を「生きている証」として楽しめるようになったら、天下無敵です。

# 怒り

ナマの怒りを相手にぶつけるから、
人生ボロボロに。
6秒クールダウン＋「怒りの傾向と対策」の
セルフチェックで円満解決

## ●怒りは原始的。カッとしたとき「トカゲ脳」になっている。6秒クールダウンを

カーッと頭に血が上って青筋が立ち、全身ワナワナ…怒りは原始的な感情です。このとき活性化するのは「トカゲ脳」とも呼ばれる大脳辺縁系。は虫類にもある、生きのびる本能を司る脳で、短絡的、攻撃的です。

太古、人間はほかの動物と同じように、敵を察知した瞬間「闘うか逃げるか」を決めて飛びかかったり、あるいは全力で逃げて生きのびました。そのとき「怒りのホルモン」アドレナリン、ノルアドレナリンなどが大量に放出され、心拍数も血流もどっと増えるから、「火事場の馬鹿力」を出すことができたんです。

しかし文明化された現代社会で怒りのままに動くと、ロクなことになりません。怒りの性質も変質して、欲求不満やイライラを相手にぶつけてスッキリするため…自己満足のための怒りがかなりの部分を占めています。

以前、女性の国会議員が「このハゲー!」などと秘書をののしる音声を週刊誌に

リークされて、たちまち社会的地位を失う事件がありました。

怒りの伝え方を間違えて大失敗する人はとても多く、アンガーマネージメント（怒りをコントロールするスキル）はいま、心理学の大きなテーマです。


怒ること自体は悪いことではなく、ナマの怒りを相手にぶつけることが問題。

**カッとしたら6秒間カウントダウンすると、怒りのピークをやりすごせます。**

自分の怒り虫に「カンカン」などと名前をつけて「また怒ってる。あんまり暴れないでくれよ」などと話しかけたりするのも、よいクールダウン法です。

手が出そうならその場を離れて、クッションなど別のものをボコボコ叩きます。

## ●「自分が怒る原因になった感情を相手に伝える」というコントロール術

少し気分が落ちついたら、自分はなにに腹を立て、相手にどうしてほしいのか…「怒りの傾向と対策」を分析します。この「自己洞察」のスイッチが入っていれば、相手を傷つけずに自分の怒りをわかってもらう表現を考えられます。

コツは相手をなじるのではなく、怒る原因になった自分の感情を伝えること。

「自分はこんなふうに困っている。あなたにこうしてほしい」という伝え方です。

たとえば、さきほどの女性議員は秘書のミスにカッとしたそうですが、「このハゲー」では、相手を傷つけるだけ。「今回はさすがに参った。今後どこまで仕事を任せていいのかと、不安になった。二度と同じことがおきないように○○を厳守してください」と冷静に伝えていたら、災い転じて福となったかもしれません。

必死でがんばったのに、期待した評価や報酬を得られないことも人生にはよくありますね。そこで「なんで？　ひどい！」とキレたら、さらに評価を落とすだけ。「全力投球して成果も出せたのに、こんなに評価が低くて、私は悲しいです。今後のために、理由をお教えいただけませんか」と、前向きな伝え方を工夫します。

**この「怒りのコントロール術」を身につけると、相手から怒りをぶちまけられたときも、「売り言葉に買い言葉」のようなバトルを避けられます。**

「この人はいま、こういう気持ちでいるんだな」と、相手の立場に立って、余裕を持って受けとめられる。すると一気に人望が厚くなり、公私ともに運が開けますよ。

# キレる・暴力・暴言

性格ではなく脳の問題で、治すのは困難。
被害者がガマンすると、状況はますます悪化する。
ぬかるみにハマる前に
「避難」「課題の分離」などの対策を

## ●くり返し暴力を受けると洗脳状態に陥って「自分が至らないせい」と思いこむ

ささいなことでキレて怒鳴りまくる。すぐ暴力をふるい、暴言を吐く。

公私を問わず、そういう暴走人間の被害にあっていたら、すぐ役所の心の問題の窓口など外部の人に相談して、加害者と距離をおいてください。

ひんぱんにキレるのは性格ではなく、脳やホルモンの働きの影響が大きいので、治すのはとても難しい。被害者がガマンを続けると、状況はどんどん悪化します。

夫婦や恋人などの親密な関係の男女間で振るわれる「殴る蹴る」「大声で罵倒」「性交渉の強要」などのDV（家庭内暴力）の相談を受けると、私は、別居して安全を確保することと、離婚を強く勧めます。

**まず、実家や友人の家、シェルター（一時保護施設）などに避難してください。**

DVの被害者は、密室でくり返し暴力を受けるうち洗脳状態に陥り、「私が至らないせい」「逃げたらもっとひどいことになる」「自分さえガマンしていれば、いつか変わってくれる」などと思考停止していることが多いので、気をつけてください。

## ●しつこく攻撃されたら、アドラー式「課題の分離」で心を守る

怒りや衝動をこらえたり相手を思いやったりするのは「理性」の力で、脳のハイレベルの中枢「前頭葉」が司っています。酔っ払いは、前頭葉の働きがアルコールで鈍り、理性のタガがはずれてしまうから、暴れたりクダをまいたりするわけです。

すぐキレる人は、前頭葉に未発達な部分があると考えられます。

年をとって前頭葉の萎縮が始まっている人も、自制心が働きにくくなります。

「75歳の男がタバコのポイ捨てを小学1年生に注意され、首を絞めて逮捕された」「うがい薬を店に隠してるだろう。早く出せ、すぐに持ってこい！　と店員を恫喝」などの「暴走老人」のニュースをよく聞きますね。年をとって脳の働きが落ちると、社会から取り残された孤独感も手伝って、キレやすい人が多くなります。

気配りの人が急に荒々しくなったときも、脳が変化している可能性があります。

**むやみにからまれたら「用事があるので」と、スッと立ち去ってください。いやな表情や脅えた表情を相手に見せると興奮させるので、無表情を心がけて。**

部下のミスを責め立てる上司も困りものですね。弱い立場、反論できない立場の相手を一方的になじり倒すとき、脳の快楽中枢が活気づいて、脳内麻薬のドーパミンがドバドバ出ます。強烈な快感がわきおこるので、癖になる。自粛警察やネット叩きなどの「正義の仕置き人」も、快感中毒になっていると私は考えています。

理不尽な攻撃を受けたら、心を病まないように「課題の分離」を試してください。「嫌われる勇気」を説いた心理学者、アルフレッド・アドラーが提唱した、**自分と相手の「責任を持てる領域」をスパッと切り分ける解決策です。**

ミスをねちねち責められた場合、「自分の課題」は、問題の改善策を考えること。「相手の課題」は、人を平気で傷つけたり、人格否定する癖を改めること。自分の課題には責任を持って取り組む。相手の課題は自分にはコントロールできませんから、本人の責任でなんとかしてもらいます。

人間関係で強いストレスを感じたら「どこまでが自分の課題なのか？」を考えて自分の問題点に集中して改善していく。すると自分を見失わないですみます。

# うつ状態

うつを遠ざける生活習慣は、
「肉を食べる」
「1日15分は日光を浴びる」
「よく体を動かして快眠」
「情報の幅を広げて、思考パターンを変える」

## ●テレビは常に不安を煽るから、見続けるとうつを招く。「決めつけ思考」も要注意

全国的に外出自粛令が出た2020年春以降、「コロナうつ」が問題になりました。感染や生活の不安、孤立感などで落ちこむ。家にこもって日光に当たらないから、ビタミンDの体内合成や、心の安定に働くホルモン、セロトニンの分泌が減って、うつの引き金になる。運動が足りないから、眠りも浅くなる…。心をどんよりさせる要素が、いくつも重なりました。

うつの予防法について取材を受けると、私は以下の4点をアドバイスします。

1　肉を食べる。トリプトファン(肉に含まれる必須アミノ酸)が、セロトニンの原料になって気が晴れます。コレステロール値は高めの人の方が、うつにも感染症やがん、認知症にもかかりにくい。日本人の場合、よほど高くない限り心配いりません。

2　1日15分は日光を浴びて、早歩きなど少しきつい運動を。快眠にも効果的。

3　情報の幅を広げる。特にテレビは不安を煽るので、テレビだけを見ていると うつになりやすい。さまざまな情報に触れて、心のバランスを保ちます。

4　思考パターンを変える。「絶対こうなる」「これは正しい、間違い」と決めつける思考はうつを招くので、「ちょっと待て」と別の可能性も考える癖をつけます。

## ●落ちこまない男、所ジョージさんの「日の出のすすめ」で体のリズムを取り戻す

気が滅入ると朝がつらくて、「昼夜逆転」しやすいのも問題。日光を遠ざけるし、安眠ホルモン・メラトニンは日中ほとんど出ないので、睡眠の質も悪くなります。

朝起きるのがつらいなら、「暗いうちに起き出す」手があります。

いつもゴキゲンで、「私は落ちこまないよ。なんでも面白いもん」が口癖の所ジョージさん。**「朝イチの朝日は誰にでも与えられたチャンス」と、「日の出のすすめ」を提案しています。**朝4時半に起きて外に出て、コーヒーを一服して日の出を拝む。

そのためには毎晩早く寝る必要があり、早寝するための準備運動も欠かせない。起き抜けのコーヒーもおいしく淹れたい。日の出関連だけでも「やること」がいろいろあって、コロナ自粛中も全く退屈しなかったそうです。

「私はなんにも変わらないよ。自粛の前から朝早く起きて、日の出を見てた。人がいないから早起きしてる。お正月だけが日の出じゃないから。晴れてりゃ日が出るから。すがすがしくなるしね。日の出を目標にするといい」

人類は原始時代から何万年も、日の出とともに活動を開始してきました。早起きで体の自然なリズムが戻れば、気分も上向きます。

日光を浴びると、ビタミンDが体内合成されることも見逃せません。イギリスや北欧など冬季の日射時間が少ない国では、ビタミンDの不足から、うつ病、骨折、新型コロナなどの感染症リスク、また死亡率も高くなることがわかっています。

日本の国立環境研究所によれば、**必要なビタミンDを得られて肌への影響が少ない日光浴の目安は「5月なら日中に約15分」**。それを目安にベランダや窓際で過ごしたり、朝夕や曇りの日は30分前後の外出を心がけましょう。なお、雨や雪の日も日射はあり、ビタミンDは手のひらを日光に向けてもつくられます。

また信州大学などの研究では、散歩の合間に「早歩き」を挟むとストレス発散、安眠、骨量アップに効果的と報告されています。日光と運動に親しんでください。

# 死ぬのがこわい

毎日
「もし今日が人生最後の日だとしたら」と、
自分と対話する…
すい臓がんで「余命半年」と言われたジョブズの、
伝説のスピーチ

## ●重大な決断のとき、死を思い出すのが一番役に立つ。本当に大切なことが見える

死ぬのがこわいと思うかたは、死をはるか先の終点と見ていますね。

でも「人生がいつまで続くか」についての保証は、なにもありません。

次の瞬間、心筋梗塞などで心臓が止まるかもしれない。

大地震や交通事故で命を落とすかもしれない。

どんな大金持ちも、有名人も、ふつうの人も、何歳であっても条件は同じです。

コメディアンの志村けんさんやタレントの岡江久美子さんが、新型コロナにたちまち命を奪われた悲劇にも、「明日はわが身」とみんな言葉を失いました。

**「死は、順番にはやってこない。急に背後に迫っていたり、心の準備もしていないときに不意打ちされる。**沖まで干潟が広がっているのに、足元の磯に急に潮が満ちて来るようなものだ」という、『徒然草』の有名な一節がよみがえります。

アップル創業者のスティーブ・ジョブズが、スタンフォード大学の卒業祝賀会で

死について語った、伝説のスピーチがあります。

「17歳から33年間、私は毎朝、鏡の自分に問いかけてきました。もし今日が人生最後の日だとしたら、今日やろうとしていることは本当にやりたいことだろうか？」

「1年前、私はすい臓がんと診断されました。医者はほとんど治癒の見込みがないがんで、もっても半年だろうと告げたのです」

「**重大な決断をするとき、死を思い出すことが、一番役に立ちます。**永遠の希望やプライド、失敗することへの不安などは、死の前には何の意味もなく、本当に大切なことしか残りませんから」

このスピーチから6年後の2011年、ジョブズは56歳で亡くなりました。

## ●オレ2年で死ぬな。不安に負けてたらこのまま消えちゃう。これだけはやろう…

実は私自身も、数年前にやたらのどが乾くから血糖値を測ったら、正常値の8倍、660あった。体重も1カ月で5キロぐらい減っていました。

知り合いの医者に「これはすい臓がんの可能性が高い」って言われて、しょうがないから超音波検査だのMRIだのいろいろと調べながら、「これはきっとどこかで、すい臓がんが見つかるんだろう。オレ2年で死ぬな」と覚悟しました。
すい臓がんの患者の経緯についてはいろいろと聞いてきたし、「がん放置療法」を提唱する近藤誠さんと、対談本の仕事でよく話をしていた時期でもありました。

「ビビるけど、不安に負けてたらオレはこのまま消えちゃう。残り2年で、どうやったら名前を残せるだろう。治療したら仕事はできなくなる。治療しなけりゃ本当にしんどいのはラスト一カ月ぐらい。ずっと温めてきたオリジナルの映画を撮ろう。億単位の金がかかるけど、なんとか工面して。オレが死ぬって知ったら、友人たちもきっと応援してくれる。小説も書きたい…」。創作のことばかり考えていました。
幸いがんは見つからなかったけど、ジョブズが懸命に「だれも死をまぬがれることはできず、時間は限られている」と伝えようとした思いが、痛いほどわかります。

死をこわがる時間があったら、**今まで生きてきた中で最高に幸せだったときを思い出して、そこを基点に、あなたが一番やりたいことやその準備を、今日から始めてください。**自分にウソをつかないで、今を大切に生きてください。

# 心配性

振り込め詐欺は心配性につけ込んで、
「急がないと最悪の事態がおきる」と煽る。
ちょっと視野を広げて考えよう。
心配ごとの97%は取り越し苦労

## ●「こういう決着だってありえる」「だれかに相談してみよう」と、解決の道を探る

心配性の人は、心配がグルグル頭の中を回って「最悪の結果」しか見えなくなりがちです。でも、考え続けてもなにも変わらないので、時間がとてももったいない。

1．この心配はどれぐらい現実化するリスクがあるのか。2．的中したとして、どういうダメージを受けるのか。3．そもそも自分で解決する必要があるのか。

そういう「心配の見積もり」をする癖をつけて、グルグルが始まったら「だけどこんなケースもよくあるし」「こういう決着もありえるだろう」「だれかに相談してみよう」と、**視野を広げて思いこみから逃がれてください。**

たとえば振り込め詐欺は「会社のカネを落とした。今日、入金しないとクビだ」「人身事故の示談金をすぐ払わないと、警察沙汰に」といった電話から始まります。もっと手の込んだやり口も、いろいろ報告されていますが、基本は「心配性につけこむ」プラス「急がないと最悪の事態になると思いこませ、時間的余裕を奪う」。

その相乗効果で、まともな判断力を奪うわけです。

そこでちょっと視野を広げて「会社のカネを落としたからって、クビになる?」「交通事故なら保険が降りるし、相手にも非があるかも。むしろ警察に任せた方が安心」「あの人に相談してみよう」などと考えることができたら、だまされません。

## ●デタラメだらけの「リスク情報」「備えよ情報」。心配はなるべく小さく見積もる

また、**心配性の人の多くは、情報を集めすぎて心配漬けになっています。**毎日、テレビの情報番組を何時間も見て、さらにネットでもあれこれ検索したり。

しかし、病気、お金、老後などの情報のほとんどは「その症状は○○病のサインかも…」「貯金が2000万円ないと老後破産するリスクが」などの恫喝メッセージ。知れば知るほど心配が募り、ストレスがたまる一方です。

その上「さんざん脅されたあげく大ハズレ」ということが、あまりに多い。

厚労省が20年4月に「日本人の新型コロナ死者は最大42万人」と予測したけれども、秋になっても死者は1500人程度だったように、「将来こういう心配なことが起きそうだ」「こういう備えが効く」という情報の多くは、あてになりません。

イランでは「産業用アルコールを飲めば感染を防げる」というデマがまん延し、アルコール中毒死する人が続出しました。日本のうがい薬騒動も異常でした。

煽りやデタラメだらけの情報の海にどっぷり浸るのは、心にも体にも毒です。

**「心配ごとの情報集めは、自分なりに厳選して、テレビもネットも合わせて1日1時間未満」などとルールを作りましょう。**1日30分でも充分だと、私は思います。

それから「心配ごとを抱えてうずくまらないで、すぐ前向きに動く」ことです。

たとえば体調をくずして「悪い病気では」という心配にとらわれたら。

まず、体調が上向きそうなことをやってみます。ストレッチや散歩。用事を減らして数日ゆっくり過ごす。きちんと食べる。自然に触れる。早寝早起き…。

それでも改善しなければ、病院に電話して検査の予約をとります。日時が決まったらジタバタしてもしかたないので、心が落ちつきます。

**「心配ごとの97％は取り越し苦労」**（米シンシナティ大学の研究報告）。

心配はできる限り小さく見積もり、楽観的になりましょう。

# 会社に行きたくない

リモートワークで広がった
「家から出なくても仕事はできる」
という選択肢。
通勤ラッシュも人間関係もいやになったら
発想を変える

## ●「会社に行く＝働く」はもう古い。うつ病になる前に「べき思考」をゆるめる

「会社に行きたくない」という相談を、最近よく受けます。

コロナ禍でリモートワークに慣れて、出勤するのがおっくうでたまらない。3密の極みの通勤ラッシュも、めんどくさい人間関係も、もうこりごり…。

月曜日の朝や、疲れが抜けていない朝は特に気が滅入るでしょう。簡単に休むわけにもいかず、なんとか気持ちを切り替えて出勤している人も多いはずです。

コロナ不況でリストラが増えているので「いま辞めたら転職できない」「仕事があるだけで幸せ」という自制も強く働くかもしれません。

でも**「会社に行きたくない」と、しょっちゅう思うようなら、自分で考える以上にストレスをためこんでいる可能性が高い。**ガマンを続けて心や体に変調をきたすようになり、うつ病などを発症した患者さんを、私はたくさん診てきました。

ひたすらガマンを続け、体を壊してまで働く必要はないはずです。

うつ病になってしまう前に、考え方を少し広げてみましょう。

**まず、自分を縛っている「こうあるべき」思考や、「働くのは善、働かないのは悪」のような2分割思考をゆるめてください。**

コロナショックで働き方・生き方のパラダイム（人々の根本的な考え方）が変わって、「会社に行く＝働く」という常識はもう古い。家から出なくてもできる仕事がいろいろあることも知られて、「多様な選択肢の中から、自分に合う働き方や生き方を見つければいい」という考え方が急速に広がっています。

## ●「新しい生存戦略」を求めて地方移住サイトも活況。まず1週間、休みをとろう

「社会の前提は覆された」「アフターコロナこそ自由に働く」「ネットですべて完結する時代の新しい生存戦略」「ぜんぶ捨てれば」「あえて数字から降りる生き方」「地方でクリエイティブな仕事を」「フルリモートワーク正社員の求人を探すコツ」……。

生き方を見直そうという提案が世間にあふれ、「働き方も仕事の種類も、いろいろあるんだ」「出歩かず、お金を使わなくても意外に快適」「3密の東京で無理して暮らすことない」と思い始めた人も多くて、地方移住サイトなども大にぎわいです。

会社勤めに疲れ果てたら「いざとなったら辞めればいい」と腹をくくって、有給休暇などを利用して1週間「何もしないで過ごしてみる」ことをおすすめします。

私が最も日本人に合っていると思う心理療法・森田療法では、神経症などの入院治療で「1週間は何もさせない」方法をとります。それに倣って会社から離れ、ひとり静かに過ごせる部屋を確保して、**なるべくテレビもスマホも見ないで、1週間過ごす。すると焦りが消えて、「何かしたい」「このままでは終わりたくない」という人間本来の欲望がよみがえるはずです。**それは気持ちが前向きになった証拠です。

会社をやめるか。今の仕事を続けながら、転職や移住の可能性をさぐるか。

どちらを選ぶにしても、休む前より心がスッキリして軽くなっているはずです。

「会社に行って働くのが当たり前」という古い固定観念を捨てて、自分に正直になって、2度はない人生の「この先」をしっかり見極めてください。

「あなたには必要な資質も資源も全て与えられている。『できない理由』を探すことはない」（ウインストン・チャーチル）

# 焦る

空気を読む癖と、
「あとがない」「これしかない」思考で焦る。
まず自分が焦りやすいポイントを書き出して、
客観的にチェックしてみる

## ●「みんなについていけてない」ことに焦りやすく、あきらめが早すぎる

豪華客船が浸水して救命ボートが足りず、船長は乗客を海に飛び込ませたい…。「沈没船ジョーク」として世界で受けている、国民性あるある噺を紹介します。

アメリカ人の背中を押す一言は「飛び込めばヒーローになれますよ」、ロシア人に対しては「ウォッカのボトルが海に浮かんでいます」、イタリア人には「美女が泳いでいますよ」、イギリス人には「紳士はこういう時、海に飛び込むものです」。

そして日本人に対しては、「みなさんもう飛び込みましたよ」……。

主体性がなく、生きるか死ぬかのときにも「みんなについていけてない」ことに大あわて。日本人の国民性をよくとらえています。

なんでも人任せでは「自分が本当にやりたいこと、いまやらなければならないこと、最終的な目標」はつかめないので、いつも焦って右往左往することになります。

常に目の前しか見えないから「あとがない」「これしかない」と焦り、手に入れる

前は「このチャンスを逃したら終わり」、手に入れば「これを失ったら終わり」。目標も「何月何日までに○○達成」「何歳までに結婚」などと、場当たり的に期限を切って焦りやすい。現実はそう思惑通りにはいかないから、期限が近づくにつれて、自己嫌悪でイライラすることになります。

あきらめも早すぎて、1回失恋しただけで「あんなすてきな人には、もう2度と出会えない」、事業に失敗すると「人生まっ暗。今さらやり直せない」…。

あなたも、無駄に焦っていませんか?

**●焦っている自分を上から見て、原因を書き出す。長期的目線に切り替える**

焦りを感じたら、自分を上から見下ろして「わたしはこういう原因で焦りを感じて、いまこういう状態にある」と、焦りのリアルを、客観的に紙に書き出します。「なんだ、たいした問題じゃなかった」「こうすればいい」と、なんらかの前向きな対処法が浮かんでくるはずです。これを習慣にすると、焦りに強くなります。

そして「長期的な目線に切り替えよう」と、強く意識してみてください。

**自分にとっていちばん大切なもの、得意なこと、熱中できることを考えて、仕事**

**でも趣味でもいい、「これは人生最後の日まで続けよう」と思えるライフワークを見つけます。毎日、数分でもいいからたゆまず続けると、とても心が安定します。**

すると小さなことに動じなくなり、「長い人生の明暗が、1回や1日のできごとで決まってしまうことはそうないよ」と、ゆったり構えられるようになります。

公私ともに「今回契約がムリでも、○日の商談で勝ち取ろう」「今日ふられても、自分を磨いて半年後に再トライ」…と、七転び八起きの粘りが出てきます。

焦らないメンタルを手に入れると

- まわりに流されず、冷静に自分の行動を起こせるようになる
- 本当に自分がやりたいこと、大切なもの、人生のテーマを見つけられる
- 今まであきらめていたことに再トライする意欲がわく
- 信頼でつながる友人・知人の輪が広がる
- 失敗が減り、人生にポジティブになって、幸運を引き寄せる。

いいことだらけです。

# 心が折れやすい

折れやすい人の多くは
「負けず嫌い」「問題をひとりで抱え込む」。
折れにくい人は相談相手など
「転ばぬ先の杖」を持っている

## ●「芯の強いがんばりやさん」は孤立しやすく、窮地に追いこまれるとポッキリ

生きていると「もう終わりだ」と泣きたくなること、「なにもかも疲れた」と全部投げ出したくなることが、何度もありますね。

そこでポキッと心が折れてしまう人と、なんとか乗り切っていく人がいる。

**その差は「心を切り替える力」「やりすごす力」「甘える力」**の差だと思います。

心が折れやすい人によく見られるのは、負けず嫌いで完璧を追い求める性格です。物事が理想どおりに進まないことや、理想と現実のギャップにとても苛立ちます。プライドが高いので人に弱みを見せられず、問題をひとりで抱えこんで孤立しやすい。そして窮地に追いこまれると一気に「もうダメだ」と折れてしまうんです。

以前、76歳の元農水事務次官が44歳の長男を殺害する事件が起きました。長男はひきこもりがちで、親に暴力をふるっていました。直前に通り魔殺人事件があり、元次官は逮捕時に「息子も周りに危害を加えるのではと思った」と供述しました。

電通の女性新入社員がパワハラと過労のために自殺した事件でも、彼女が周囲に見せていたのは「芯が強くて、本当にがんばりやさん」の顔でした。

どちらのケースも、誰かに相談できていたら、折れずにすんだと思うんです。

## ●崖っぷちに追いつめられても「ここにきた意味」を考え、最後まであきらめない

一方、**心が折れにくい人は**「ストレスをもろに受けとめずやりすごす」、柔道の受け身のような**コツを心得ていて、人に甘えることができます。**

たとえば、人生経験豊富な人にアドバイスを求めて、問題解決の糸口をつかむ。気軽にグチを言える相手がいる。心療内科を受診するなど。

また、どんなにメゲていても好物を食べると気分が少し上がったり、ゲームには没頭できたり、緊張をほぐせる「楽しみ」を持っている人が多い。

「転ばぬ先の杖」をいくつか持っていれば、折れずに持ちこたえられます。

そして、もはやこれまでという状況でも、最後の最後まであきらめないこと。

私が監修した『アドラー１００の言葉』（宝島社）に、イソップ話を紹介していま

す。

「2匹のカエルがミルク壺に落ちた。1匹は〝もう終わりだ〟と泣いて、溺れ死ぬ覚悟をした。もう1匹はあきらめず何度も脚をばたつかせると、足が固い地面をとらえた。なにが起きたのか？　ミルクがバターに変わったのだ」。

この話をアドラーから聞いた友人は、第二次世界大戦のときナチス・ドイツの強制収容所から奇跡の生還を果たして「収容所にいた間、わたしは希望を失った大勢の人々にこのカエルの短い話をして、心を揺さぶることができた」と語っています。

また、同じくナチスの強制収容所を生き延びた心理学者フランクルは名著『夜と霧』（みすず書房）に、生死を分けたのは「問い」だったと書いています。

「どうすれば生き延びられるか」とＨｏｗで考えた人は、運命に絶望して死んだ。「自分がここにきた意味は？」とＷｈｙで考えた人は希望をつないでよく生きたと。

「どうせいつか死んでしまうのに、生きることになんの意味があるのか？」と、私たちはよく問います。

フランクルは「むしろ私たちが人生から問われている。人間の方が、人生に答えるべきなのだ。生きるとは、人生の問いかけに答え続けて人生を有意義にしていくプロセス」と説きました。

人生にどんな難問を出題されても、折れないで答え続けましょう。

第2章

# 悲しみの整理学

# 悲観する

日本人は悲観国民。
世界一長寿で
「世界最高の国」ランキング3位なのに、
なにごとにもネガティブ。
それは体にも人生にも毒で、認知症も招く

## ●自然災害も大火事も多い島国だから、「一寸先は闇」と悲観するようになった？

あなたは楽観的な性格ですか？　悲観的だと思いますか？

ごくおおまかな判断のヒントとして、**コップ半分の水を「まだ半分ある」と思うのは楽観的な人。「もう半分しかない」と思うのは悲観的な人。**

日本人は「超」がつく悲観国民です。40年以上も世界トップレベルの長寿国なのに、「自分は健康」と考える人の割合は最下位（ＯＥＣＤ加盟32カ国中）。

また、米ペンシルバニア大学チームなどが開発した評価モデルに基づく「生活の質」「市民の権利」「ビジネスの開放度」「世界遺産・文化遺産」など9項目から判定する「世界最高の国ランキング２０２０」で、日本はスイス、カナダに次いでベスト3に入っています。世界がうらやむ、幸福な長寿国なんです。

なのに国連の「世界幸福度ランキング（自分は幸せだと思う人の割合）」を見ると、日本は１５３カ国中、62位（20年発表）。世界の企業トップの意識調査でも「日本の経営者は、自分の会社、日本、世界の今後の成長について、圧倒的に悲観的」という結果が出ています。メディアも、これでもかと不安ばかり煽りますね。

この小さな島国を地震、台風、洪水などの自然災害がしょっちゅう襲い、家屋は木造で火事も多かったので、「一寸先は闇」と悲観する癖がついたのでしょうか。

## 悲観的だとストレスが増え、仕事にも健康にもマイナス。まずネガティブ語を封印

しかし、ものごとや将来をネガティブ（否定的・悲観的）にとらえる癖は、体にも人生にも毒です。ストレスが増えるし、仕事や人間関係にもマイナス。心臓や脳の病気を招いたり、治療に差しつかえるという研究報告もあります。

まず「**ネガティブな性格の人は、心臓病や認知症のリスクが高い**」というデータから。米ハーバード大学が、40〜90歳の健康な男性約1300人を10年追跡した研究では、悲観的なグループは楽観的なグループに比べて、狭心症や心筋梗塞の発生リスクが2倍以上も高いという結果が出ました。

また、東京都老人総合研究所は「**中年期に〝無口でがんこ、非社交的〟だった人は**

**認知症になりやすく、逆に〝中年期以降、明るく積極的に暮らした〟人たちは元気で長生きする傾向が見られる**」と発表しています。

むっつりしてクラい夫は、妻からも疎まれやすいですね。大阪大学の研究では、離婚した男性の死亡率は結婚している男性の1・75倍、心筋梗塞のリスクは1・7倍。ネガティブな人は、病気の治療でも苦労します。思わしくない数値などが出ると死にそうに落ちこむし、食事療法や運動療法でも「しっかりやらないと悪化する」と強いプレッシャーを自分にかけて、食欲がなくなったり、やりすぎてケガしたり。

一方、ポジティブ（肯定的・楽観的）な人は「どうせやるなら楽しんでやろう。いい知らせの方を信じよう。私は運がいいからきっとうまくいく」と考えますから、数値が悪くても気にしないし、治療のことで自分を追いこむこともありません。

悲観的な自分に危機を感じたら、**まずネガティブ言葉を封印して**「きっとＯＫ」「**大丈夫**」「なんとかなるよ」「ま、いっか」「**道は開ける**」「ラッキー」などのポジ語**を連発してみてください**。口にする言葉で、驚くほどものの見方が変わりますよ。

# 立ち直れない

「もう終わり」と絶望するか、
「ではどうするか」と前を向くか。
立ち直る力は切り替える力。
悲しみを抑えこまず
泣く、話す、書く…表に出す

## ●立ち直れるピッチャーと崩れるピッチャーの違いは、気持ちを切り替える力

私たちが立ち直れなくなる原因は、無数にありますね。

大事な試験に落ちる。試合や勝負に負ける。家族や親友を亡くす。ペットロス。離婚。ふられる。リストラ。暴言・暴力。裏切られる。家や財産や地位を失う…。まず、大変なミスをしたり、被害をこうむった場合。「もう終わり」とお手上げになるか、「ではどうするか」と前を向けるかで、その後が全く変わってきます。

スポーツを例にとると、高校野球でもプロ野球でも、それまで絶好調だったのにホームランを打たれるとガタガタに崩れるピッチャーがいて、試合後に「打たれた瞬間、頭の中がまっ白に…」など、その1本で自分を見失ったという談話が出ます。

崩れないピッチャーもいます。

大観衆の前で痛恨のホームランを打たれても、その後の試合をきっちり抑える。試合後のインタビューでは、「打たれたものは仕方がないから、ショックを引きずらな

いようにした」「まだ負けたわけじゃないと自分に言い聞かせた」など、「気持ちを切り替えた」という意味の談話が出ます。

さまざまな「絶体絶命のピンチ」に追いこまれたとき、ぜひ気持ちのスイッチを前に切り替え、最善を尽くしてください。あきらめない限りピンチはチャンスです。

**●死ぬほどの悲しみもつらさも、抑えこまず、表に出して受け入れる。**

一方、ダメージが大きすぎて、気持ちを切り替えられない受難もあります。国際政治学者の三浦瑠麗さんは、14歳のとき集団性的暴行を受けて「死んでしまった方がいいのでは。人を信じられない自分はだめなのでは。それでも自分を愛せるのか。つまり自分の存在に意味はあるのか」と、ひとり悩み続けたことを告白しています。長い歳月と経験を経て「被害者の苦しみかたは一様ではなく、乗り越えかたもさまざま。一度傷を負ったら人生は終わりということもない。暴行事件は陰惨でした。私の場合は特に。でも、比較にならないくらい、その後の人生の方が豊かで、かつ痛みも伴ったし(死産も経験)、ずっと手応えがあった」という現在の心境を、著書などで語っています。立ち直りのきっかけは大学時代。のちに夫になった恋人が「暴行を受けた側が悪いんじゃない。明らかに暴行を加えた人が悪い。責任と原因・結果のつながりを分けて考えよう」と言ってくれて、とてもラクになったそうです。

家族やペットなど、かけがえのない存在に先立たれたショックも大きいですね。「悲しみに浸る」という言葉があるように、悲哀は内にこもりやすく、免疫力を弱らせて命を縮めます。野球評論家の野村克也さんやロックンローラーの内田裕也さんが、夫人が亡くなると一気に弱って、あとを追うように逝ったように。

女性の場合は、ペットロスで心身を病むことが多いようです。

**悲しみは抑えこまず、表に出して受け入れてください。ふとんをかぶって赤ん坊のように泣き叫んだり、「しんどい」「苦しい」と何百回も言ったり、思い出をありったけノートに書いたり、わかってくれる人に話を聞いてもらったりして。**

最愛のあの人、あの子との絆は、あなたの中で永遠に生き続けます。死ぬほどの悲しみもつらさも、「とき薬」と言うように、時が少しずつ思い出に変えてくれます。

**もっと生きたかったあの人、あの子の分も、どうぞ明るく長生きしてください。**

# うつ病

「心の風邪」ではなく「脳の機能障害」。
異様なだるさや「死にたい願望」があったら
とにかく受診。老人性うつ病は
認知症とまぎらわしいから要注意

## ●いつの間にか治ることはないから、早期治療を。こじれて脳が変化するとやっかい

第一章で「うつ」の予防策として「肉をよく食べる」「1日15分は日光を浴びて運動」「情報と思考の幅を広げる」などをおすすめしました。

しかし、いろいろ工夫してみても、どんよりした気分が続いて体が異様にだるく、「死にたい」「消えたい」とたびたび思うようになったら。

うつ病を疑ってすぐ受診してください。

うつ病はよく「心の風邪」と言われますが、実はそう簡単なものではなく、今は「脳の機能障害」説が有力です。患者の脳に、萎縮が見つかることもあります。

風邪は無理をしなければ、ほっといてもたいてい数日で治りますね。うつ病は、自力で治そうとしてもうまくいきません。わずかな例外を除いて自然治癒はなく、気の持ちようで治ったり、時間が解決してくれることもまずありません。

なにもしないでいると不眠や食欲不振がひどくなって体まで壊したり、最悪の場合

は自殺に至るので、決して甘く見ないこと。「うつ病は軽いうちに治す」のが最も低リスクで、回復を望めます。こじらせると脳が変化して、非常に治りにくくなります。

## ●老人性うつ病は「気分の落ちこみ」より「不眠」「食欲不振」が合併しやすい

いきなり精神科や心療内科に行きにくかったら、かかりつけ医や近所の内科医に駆けこみましょう。精神科領域の知識もある程度持っているので、なにか手がかりが見つかるでしょう、あるいは「こころの健康相談統一ダイヤル（0570－064－556）」（厚労省）に電話してみると、アドバイスを得られると思います。

会社員なら勤め先の健康相談室へ。うつ病患者はとても多いので、産業医や産業保健師は一般にメンタルヘルスの知識が豊富で、精神科医も紹介してもらえます。

ただ、精神科の分野もご多分にもれず悪徳医が多い。アメリカの原則は「抗うつ剤は半年でやめる」。なのに日本では「一生飲まないとダメ」などと平気で言っていますから、クスリ漬けにならないように気をつけてください。

**それから認知症とまぎらわしいのが「老人性うつ病」です。**「おじいちゃんが最近、ボーッとしている。認知症では」と家族が病院に連れて行ったら、実はうつ病だった…。60代後半の初老期では、意欲が衰えて服装にかまわず、外出せず、もの忘れも増えて「ボケた」と思われている人の7～8割が、うつ病の可能性が高いです。

見分けるポイントを挙げます。認知症は数年がかりでゆっくり進行します。食欲は旺盛で、以前より長くぐっすり眠れることが多い。それから身近な人の顔や住所など、基本的なことを忘れているという自覚が、本人にほとんどありません。

老人性うつ病は急に発症し、よく「不眠」「食欲不振」を訴え、「もの忘れが多くなった」などの変化を本人が自覚しています。ただ、一般的なうつ病の症状「気分の落ちこみ」や「自責(自分は役に立たない、生きている資格がないなどと自分を責める)の念」が目立たないので、認知症と間違われやすいんです。

しかし高齢者専門の精神科医の数が少なすぎて、全国で150万人前後いると推定される「高齢者のうつ病患者」の多くが、適切な治療を受けられていません。

**最善の「うつ病対策」は、とにかく「早期治療」すること。**これは、私がうつ病対策としていちばん訴えたいことです。

# 死にたい

15歳～39歳の日本人の死因トップは「自殺」。
スルースキル（受け流す力）を身につけたい。
攻撃してくる相手からは逃げて、
自分の目標に取り組む

## ●本当に自分の好きなことに目・耳を傾けると雑音・悪口はかき消される

15歳～39歳の日本人の死因トップは「自殺」です。

「毎日100件近くの率直な意見。死ね、気持ち悪い、消えろ、今までずっと私が1番、私に思ってました。弱い私でごめんなさい」。2020年5月、恋愛リアリティ番組に出演していた22歳の女子プロレスラー・木村花さんがSNSに投稿して、自ら命を断ちました。

SNSの中傷には「お前がいなくなればみんな幸せなのにな。まじで早く消えてくれよ」という、学校や職場でもよく見聞きするイジメの決め台詞もありました。「あなたのことをみんなが○○だと思っている」と、大勢の代表のような顔で自己正当化することを「多数論証」といいます。実体のない中傷は、無視することです。

もちろん人を傷つける中傷をSNSで流すことは許されないものですが、それがなくならない間は、対応するテクニックも必要です。

花さんの死について「スルースキル（受け流す力）があれば、こんなことにならなかったのに」という声も寄せられました。受け流す力は確かに大切です。

まず、**中傷やいやがらせは右から左に流します。面と向かって危害を及ぼす相手やグループからは全力で逃げるか身を隠して、距離をおきます。**

同じように中傷されたことのある芸能人が「一番いいのは、SNSを見ないこと。こんなにも防御になるんだって気づきました。そして植物でも音楽でも本当に自分の好きなことに目・耳を傾けると雑音・悪口はかき消される。だれかに話を聞いてもらうのも、すごく気がラクになる」と語っていました。**お笑い芸人が体を張って笑いを取る動画に感動して、自殺をやめたという話も聞いたことがあります。**

## ●「今のつらい状況が人生のすべて」ではない。外出自粛期間中、自殺が減った

心のダメージが大きいと、不安な時と同じく視野が狭まり、ほかの可能性が考えられなくなる。すると「このつらい状況が人生のすべて」「2度と幸せにはなれない」「生きていてもいいことはない」と、ぬかるみにはまります。

でも人生は長く、今のつらい状況は決して人生のすべてではありません。

人が深く悩んだり、「死にたい」と思いつめるとき、おおもとには、だれかのひどい仕打ちや言葉、嫌われたり、大切な人を失った痛みなど、人が多かれ少なかれかかわっています。気分が落ち込んで死にたくなったら、どうぞ「心の逃げ場」を作ってください。「サイアク○○に行かなくてもなんとかなる」、と覚悟を決めるだけでも、気がラクになります。

**あまりにつらかったら、本当に逃げた方がいい。死ぬよりずっとましです。**

2020年4月の緊急事態宣言発令後の外出自粛期間中、前述のように日光不足でセロトニンが減っているはずなのに、全国の自殺者の数は前年よりかなり減り、**「人と会わないことが精神安定につながった」という分析もありました。リモートワークが普及して、人と会わずにやっていける学校生活や仕事がぐっと増えたのは、いいことなのでしょうね。**

どうしようもなく気が滅入ったら、肩の上げ下げや首回しでもいいから、体を動かしてみてください。血行がよくなると少し気分がよくなります。声を出すのも気分転換になるので、歌ったり叫んだりしてみてください。

そうやって意識して感情のベクトルと行動を変えて、「資格を取る」などの新たな目標をつくって真剣に取り組むと、人生は必ず開けます。

幸せになってください。

# 第3章
# 対人関係の整理学

## コミュニケーションできない（コミュ障）

「自分がしてほしいことを人にする」という
ゴールデンルール。
「なにか私にできることない？」を
口グセにしよう

## ●アスペルガーとコミュ障の典型のようだった私が、なんとかやってこれた理由

「秀樹にはサラリーマンは勤まらないから、弁護士とか医者とか、なにか資格を取らないと生きていけないよ」。私は母親から、いつもそう言われて育ちました。

子ども時代の私は空気が読めず、上級生や教師にも平気で突っかかっていました。友達にも思ったことをズケズケ言ってはイジメられ、仲間はずれにされるけど、全く懲りずに何度でも同じことをくり返す。

いわゆる「アスペルガー（自分の関心、やり方、ペースが絶対で、人と臨機応変に交われない）」「コミュ障（一方的にしゃべり続ける、人の目を見て話せないなど、人とのやりとりが苦手で、苦痛に感じる）」の典型みたいな子どもでしたから、会社勤めなんてとても無理だと母は思ったんでしょうね。

実際、学校でイジメられて人嫌いになり、コミュ障のまま生きていく人も多い。

しかし私はここ何十年も、精神科医として患者さんと向き合い、塾を経営し、本

を書き、映画監督も続けています。すべて、コミュニケーションが基本の仕事です。なんとかやってこれたのは、相手の身になって考える「視点転換」と、自分を客観的に見て修正していく力「メタ認知」のことを、心理学で学んだおかげです。

## ●ほとんどの人は自分中心だから、相手の立場に立てるだけで人間関係がスムーズに

実は、ほとんどの人は自分が大事、自分が大好き、自分が中心で、相手のことなんてあんまり考えていません。コミュ障の根本原因も「自分にしか関心がないこと」と「視野の狭さ」です。人との関係でつまづきやすい思考のクセは、

- 二分割思考（敵・味方、善・悪…と白黒でしか考えられず、グレーを認めない）
- パーフェクト思考（100点でなければ0点と同じ、など妥協を許さない）
- これっきり思考（仲間にたった一度、反対されただけで敵とみなす、など）
- 決めつける（数人を見て「最近の若者は○○」と決めつける、など）
- 思いこむ（○○さんは私を嫌っている、などと勝手に思い込む）
- ネガティブ（人や自分の欠点ばかり見て、長所は「たいしたことない」と否定）

・縮小視（自分の長所を過小評価して、「取るに足らない」と卑下する）
・悲観（単なる仮説や予測を事実としてとらえ、どうせムリ、などと決めこむ）
・破局視（好きな人に冷たくされただけで、この世の終わりのように絶望する）
・感情に支配される（その場の気分で「すべてOK」「全部バツバツ」とブレる）
・〜すべき思考（〜すべき、〜ねばならないという使命感が行動の原則）
・レッテル貼り（勝ち組、負け組などわかりやすいラベルを貼って人を判断する）
・自己関連付け（関係ないのに「私のせい」など、すべて自分と関連づけたがる）

どれも自分中心の思考のクセです。ちょっと相手の立場に立ってみよう、と考えるだけで、人間関係はとてもスムーズになります。

**ゴールデンルールは**「**自分がしてほしいことを人にする。自分がして欲しくないことは決して人にしない**」。これを守ると、一方的に話し続けるなんてできませんね。

そして、気が合いそうな人が現れたら「**なにか私にできることない？**」を、**口癖にします**。自分が関心を示せば、相手も必ずあなたに関心を示してくれて「やりとり」が生まれる。それが、コミュニケーションの第一歩です。

# 孤独・孤立

「友達いない率」が世界一高い日本人。
しかし平均寿命は世界トップレベル。
孤独を友としてうまくつき合う。
犬を飼えば会話、運動、生きがいができる

## ●OECD調査で「話し相手ゼロ」の日本人男性17％。21カ国中ダントツに孤独

孤独・孤立という言葉には「さびしい」「社会から置き去り」「孤独死」など負のイメージがつきまといます。が、コロナ禍で世界が激変して、だれもが人と距離を置かざるをえない、いつまた自粛を強いられ孤立生活になるかわからない時代が始まっています。義理や惰性のつきあいも、大きく見直されています。

「人と会わない自粛ライフは気ままで意外によかった」「惰性のつきあいに、お金と時間をかなり使っていたことに気づいた。見直したい」「冠婚葬祭はいらないことがわかった」などの声もよく聞きます。

ひとりで暮らしていけるなら、無理して人とかかわる必要はないと私は思います。ひとりでいると、寂しさや不安はあっても好きなことに熱中できる。ありのままでいられて、本来の自分に気づける。周囲に気を使って疲れることもありません。

もともと日本人は、20～60代のネットアンケートで「本当の友達はいない」と答

えた人が、男性約4割、女性約3割。OECDの調査では「友人や同僚やほかの人々と、ほとんどあるいは全く時間を過ごさない」、つまり話し相手のいない人が、日本の男性は約17%、世界21カ国の中でダントツに孤独という結果が出ています。

内閣府の4カ国調査では「日本の高齢者の4人に1人（25・9%）は、相談や世話をしあえる友人が1人もいない」。アメリカ（11・9%）、スウェーデン（8・9%）、ドイツ（17・1%）と比べて、老後の「友達いない率」も圧倒的な高さです、

米国学会が「孤独は早期死亡を50%増加させる」と発表したり、イギリス政府が「孤独はアルコール依存症、薬物依存症やうつ病などの病気のリスクを高める」と2018年に「孤独担当大臣」を新設したり、欧米の常識は「孤独は命を縮める」。

でも、日本人は40年以上も世界トップレベルの長寿国。厚労省2020年発表のデータでも、日本人女性の平均寿命は87・45歳で世界2位、男性は81・41歳で、世界3位です。**孤独を友として、うまくつきあっている人も多そうです。**

## ●孤独の悩みやストレスの電話相談は、24時間無料の「よりそいホットライン」へ

問題は「孤独がつらい」「悩みやストレスを打ち明ける相手がいなくて、心を病み

そう」という場合です。私の患者さんにも「悩みを誰にも相談したことがない」「話を聞いてくれる相手がいない」という人が、とても多いです。

まず「よりそいホットライン（0120－279－338）」に電話してみてください。無料で24時間、365日、悩み相談ができて、秘密は守られます。全国の約500団体が協力・参画し、国から補助金も出て、2011年の開設以来、1千万人以上が利用しています。

ガイダンスに従って悩み別の番号を選ぶと相談員が対応して、支援が必要な場合は、具体的な解決まで寄り添ってくれます。どんな悩みも、「話す」「相談する」だけで不安やストレスが驚くほど軽くなって、心の健康を保ちやすくなります。

**孤独がつらい、孤独に飽きたと感じたらペットを飼うのもお勧めです。**とりわけ犬は「飼い主べったり」で頼ってくれて、孤独が癒やされます。話し相手ができる。食事や排泄の世話が生きがいになる。散歩はいい運動で、日光効果でうつや骨折の予防にもなる…。メンタルも体も健康になります。

孤独に落ちこむのではなく、孤独を楽しむ工夫をこらしましょう。

# 人の目が気になる

万葉集の時代から空気を読んでいた日本人。
「人は人。自分は自分」と気持ちを切り替えて、
無心になれることに、せっせと取りくもう

## ●渡る世間は、同調圧力ばかり。ビクビクまわりをうかがって一生終わりますか？

人の目が気になる。これは日本人の国民病と言えそうです。

日本は「同調圧力」が強い国です。千年前の『万葉集』にも「世間」に細かく気を配る庶民の心情が歌われています。古代からえんえんと空気を読んできたんです。

そして大震災のときも配給の列を乱さず、略奪も暴動も起きない。国の「コロナ自粛要請」や「マスク要請」にもビシッと従い、自粛警察まで出動します。

世界が驚嘆する自己統制力ですが、とても息苦しい社会でもあります。

アメリカの育児バイブル『スポック博士の育児書』の冒頭は「自分を信じよ（Trust Yourself）」。欧米ではまず「自己主張を持て」と教育されます。

一方、日本ではまず「ワガママは嫌われる」と叩き込まれます。学生時代はクラスやグループで仲間はずれにならないように。職場では浮かないように。家庭を持てば夫婦、親子、親戚や近所やＰＴＡのつきあいに波風立てないように…。老後、施設に入っても人の目を気にして、一生ビクビクして終わることになりかねません。

**●看護師は聞いた。死ぬ瞬間の後悔、トップは「正直な人生を生きればよかった」**

「とにかくまわりに合わせておこう」「余計なことは言わない、やらない」、という生き方は、それはそれで安全でラクで、人に嫌われることもないかもしれません。

でも「**だれになんと言われても自分はこうしたい」という意志がなければ、本気で人を好きになることも、好かれることもなく、尊敬できる人とも出会えない。**石橋を叩いてばかりではチャンスもつかめないし、生きがいも見つかりません。

『死ぬ瞬間の5つの後悔』(新潮社)という本が、世界中で読まれています。

オーストラリアの女性看護師が、死にゆく人から聞いた後悔は①正直な人生を生きればよかった ②働きすぎなければよかった ③思い切って自分の気持ちを伝えればよかった ④友人と連絡をとり続ければよかった ⑤もっと幸せを求めればよかった。…自分にウソをつき続けて最後に悔いる人は、国を問わず多いんですね。

「自分がある」人生に転換したいと思ったら、自分を信じることです。

まず、**まわりより自分の感覚を信じる決心をして、「私は私。これでいい」を、口癖にします。これは開き直る練習です。**

そして自分のためだけに感じたり、楽しんだり、味わったりする時間を意識的に作ります。用事をひとつあと回しにしてボーッと空を見上げるとか、ひとりカラオケとか、好みのケーキを1個だけ買ってくるとか。

そして**「夢中になれる好きなこと」を見つけて、熱中する時間を増やしていく。**見つからなければ、とりあえず「いつもと違うこと」…初めての道を歩く、美容院を変える、新製品を試すなど…をやってみると、発見や驚きがあって気分が上がり、「そういえば昔、〇〇にハマったな」などと、糸口が見つかります。

なにかに没頭しているときは、ありのままでいられます。その時間が増えるほど「人は人。自分は自分」と、人の目が気にならなくなる。同調圧力とは最低限つき合って、パッと自分の世界に気持ちを切り替えられるようになったら大成功です。

「もう遅い」と後悔しないために、自分に正直な人生に踏み出してください。

# ウソをつく

ウソも自己アピール？
「盛る」人が得をしやすい社会。
しかし、いずれバレて一発で信用を失う。
メッキのリスクは大きい。
最後は誠実が勝つ

## ●SNSから就活、婚活まで「盛らないと埋もれる」からウソのハードルが低くなる

平気でウソをつく人が、SNSから各界のトップまで至るところで目につきます。SNSでは自己アピール、自己演出の一環として、「話を盛る」のが当たり前。企業のトップや政治家は、都合が悪いとしらばっくれるのが当たり前。ウソをつくことの垣根が低くなって、虚言癖（自分を正当化したり大きく見せるためにウソをつき続けるうち、現実とウソの区別がつかなくなる心の病）が、ありふれた現象になっています。

**かつての日本では「能ある鷹は爪を隠す」のが美徳でした。今は能力をアピールできないと、試験も就職・転職も結婚もうまくいきません。**

ペーパーテストによる選抜がほとんどだった大学入試も激変。最近は、高校生の5割以上が付属校からの推薦も含む推薦や、AO入試（総合型選抜。小論文や面接も含め、大学側が求める学生像に合う人を採用）によって大学に入っています。東

大でさえ「学力だけでは計れない素質や能力を備えた学生にスポットライトを当てて、学部教育の活性化を目指す」として、推薦・AO入試のワクを広げています。

つまり高校時代から、プレゼン力（意見や情報をうまく伝えて自分を売り込んだり、人を説得する力）が不可欠になりつつあります。

そういう風潮の中で「どこまで自分を盛るか」のサジ加減は、とても難しい。

## ●偽装や演技は当たり前、とにかく注目されたい「演技性・自己愛性パーソナリティ」

数年前、STAP細胞事件や、自称「両耳が聴こえない」作曲家、経歴詐称の人気コメンテーター、謝罪会見で大げさに泣き叫ぶ男性議員など、見え透いた偽装や演技を堂々とやってのける人たちが、次から次にニュースになりました。

「なんとかして自分をよく見せたい」と願うのは自然なことですが、「私は特別な人間」「みんなに注目されたい」「関心を集めたい」という自意識が強すぎると「演技性・自己愛性パーソナリティ障害」という、心の病気の領域に入ります。

「演技性」タイプは常に波瀾万丈なドラマの主人公のようにふるまい、ファッション、身のこなしや表情、しゃべりかたまで、芝居がかっています。

「自己愛性」タイプは「特別なすばらしい人間」として周囲の称賛を得るために、家柄、学歴、みんながうらやむ体験などを、いくらでもでっち上げます。

両方に共通するのは、「他人への共感性がない」「人を騙したり傷つけることを、なんとも思わない」「自分の話のつじつまが合わないことに気づかない」など。

そういう傾向のある人を、テレビでも、身の回りでも、無数に見かけますね。

ただ、「ウソつき」「盛りすぎ」「演技性・自己愛性」の人があまりに増えたので、世間の警戒感が強まり、ウソが通用しにくくもなっています。日本郵政かんぽ生命の不正など、企業や政府のウソも、最近よく暴かれますね。ウソをついて一時的に得をしても、いずれバレて、一発で信用を失う。メッキのリスクは大きいです。

**私は、やはり人間は「誠実」に限ると思います**。「大切なことは世の中にやらせてもらっているこの仕事を、誠実に謙虚に、そして熱心にやることである」という、松下幸之助氏の言葉に共感します。

どんな時代になっても、最後は誠実が勝つ。そう信じています。

# 子どもを愛せない

ドラマに出てくるような心優しい母親も、
天使のような子どもも現実にはいない。
「子育てはこうでなければ」という
思いこみを手放そう

## ●親にかまわれなかったことや、夫とのギクシャクが子育てに影響することもある

わが子をかわいいと思えない。近寄られるだけでイヤ。叩いてしまう。

**子どもに愛情が持てないことに悩むおかあさんは多いです。**でも周囲のママ友は「かわいい、かわいい」と言ってるから、自分もかわいがっているフリをして……。

つらいですね。考えられる原因のひとつは、親にあまりかまわれなかったこと。

人は、自分が子どもの時に親からされたことを、自分の子どもにもしやすいです。親によく抱っこしてもらったり、絵本を読んでもらったら、自然に自分もするし、よく叩かれたり、ネグレクト（無視）されて育つと、それをくり返すことがある。

「私は親とは違う」「自分がされて悲しかったことは、絶対にやらない」と心に決めて子育てを始めても、密室の中で子どもといると、なぜか手が出てしまったり。「抱きしめなければ」などと、義務感ばかり先に立って疲れはてることもあります。

ただ、ひどい虐待を受けて育った人が愛情深い母親になることも、その逆もよく

あるので、あまり気にしすぎない方がいいですね。

夫との関係も影響します。妊娠、出産、育児のどこかで「気遣ってくれない」「手伝ってくれない」「子どもへの愛情が薄い」「生活費が足りない」などの不満がたまって夫婦関係がギクシャクしてくると、子どもに当たってしまう場合があります。

## ●無料相談窓口は、保健センターから電話、FAX、SNS、チャットのサイトまで多彩

それから「子育てはこうでなければ」「いい母親にならなくては」「育児書の通りに育てなければ」…と「ねばならない」が多い、がんばりやのおかあさんは、現実とのギャップに追いつめられてピリピリしやすいです。

さらに孤独の問題があります。気持ちを打ちあけられる人や、育児を助けてくれる人が身近にいないのが今ふつうなので、悩みや焦りが募ります。特に「子どもを愛せない」「子どもが理想どおりに育たない」という悩みは人に言いにくいですね。

子どもが生まれたときから全く愛情が持てない、うつ状態が続いている、虐待しそうだ、など深刻な場合は、**個人の力ではどうにもならないと割り切って、専門家**

**に相談してください。**身近な相談窓口としては、地域の保健センターや市区町村の児童保健福祉課、子育て支援センター、県の児童相談所が対応しています。

地域の窓口は知り合いに見られるかもしれないし、逆に相談しづらいというかたは「24時間、365日、無料でどんな人の、どんな悩みにもよりそって、一緒に解決します。秘密は守ります」という、国も補助金を出している「よりそいホットライン」(https://www.since2011.net/yorisoi/)を検索すると電話、FAX、SNS、チャットのいずれかで、悩みを相談できます。気持ちを吐き出すだけでも心はとても軽くなるので、気軽に駆けこんでみてください。

**ドラマに出てくるような心優しい母親も、天使のような子どもも現実にはいないし、子育ては「想定外」の連続です。ママ友たちもそれぞれに、いろいろな悩みやコンプレックスを抱えています。**

子育ての「ねばならない」は手放して、「そのうち愛せるようになるでしょ」とゆったり構えて、上手にリフレッシュして乗り切ってください。

# 人を許せない

700年前の『徒然草』の時代から、
日本人は「許せない」思いをためこんでいた。
暴走しない怒り方、伝え方を身につけよう

## ●不倫した芸能人など「おおっぴらに怒れる相手」を見つけて暴走する人たち

思ったことを言わないでいると、不満が腹にたまってふくれてくる気がする……。

700年前に書かれて今も読み継がれる国民的エッセイ『徒然草』には、「おぼしきこと言はぬは腹ふくるるわざ」という、有名な言葉があります。

日本人は当時も今も、ストレスをためこみやすい国民です。空気を読んで、ホンネを押し隠したり、明らかに相手に非があってもグッとこらえたり。すると、消化不良の「不本意」や「許せない」思いが、マグマのようにたまっていきます。

いつも感情を押し殺していると笑顔も消え、うつ、無気力、食欲不振、胃かいような ど、心身のトラブルを招きやすい。また自分では反感を隠しているつもりでも、顔や態度に出て相手に伝わるので結局、人間関係もギクシャクしていきます。

一方で、不倫した芸能人など「おおっぴらに怒れる相手」が見つかると、噴火口を見つけたように、ボロクソに叩く人が大勢います。過ちを犯した相手にはなにをしても許されるとばかりに「家族を裏切るなんて許せない」「まじめだと思っていたのに許せない」と、すさまじい「許せない」攻撃を展開します。

確かに不倫は倫理的、道徳的に許しがたい。でも、その芸能人と会ったことさえないのにテレビやネットの情報を頼りに怒り狂ってののしり、寄ってたかって叩きのめすのは、「許せない」の暴走でしょう。

ネット社会では、怒りのオーソライズ(世間で正当と認められること)や急激な増幅が、瞬く間におきます。怒りは集団化するとエスカレートしやすく、女子プロレスラー・木村花さんが追いつめられて命を断ったような悲劇も起きてしまう。

ほかにも、北朝鮮や韓国、収入格差、高齢者の運転、受動喫煙など「許せない」が暴走しやすい問題はいろいろあり、「獲物」を次から次に探し求める人もいます。

しかし、一方的なバッシングはただの集団リンチで、なにも生まれません。

## ●「人を許せない自分」を手放すには、「自分も間違える」ことを認めるに限る

それよりも、プライベートで「言いたいことを伝えられる」力を伸ばしましょう。

相手の意見が自分と真逆なときも、イライラ、ムカムカしたり、とても許せないと

思ったときも、目上でも、グループ討論でも「沈黙しない勇気」を持てる力。文句を言ってもケンカになったり後悔しなくてすむ力。とても助けになりますよ。

まず守ってほしいのは、**人とのやりとりでムッとしたとき「感情を行動に出さない」ルールです。顔をしかめない。うつむかない。乱暴な言葉を吐かない、など。**基本、口角をあげて、なるべくゆっくり穏やかに話すクセをつけてください。

そして「私は正しい。悪いのは相手」と決めつけず、自分から「私の間違いかもしれないけど」と切り出すようにします。実際、誰にでも間違いはあるからです。反論するときも「確かにそういうことはありますね。でも、私は○○だと思っています」と、相手を肯定する言葉から入ります。

話にならないとか、決裂しそうでも「いや」「でも」などと否定せず、「う～ん」としばし「間」を置きます。お互い少し冷静になったところで「私の間違いかもしれませんが、○○だと思うんです」と言うと、少なくともケンカにはなりません。

「人を許せない自分」を手放すには、「自分も間違える」ことを認めることです。

# 甘えられない

行き詰まったときの「甘え」は恥じゃない。
甘える勇気を持とう。
助けを借りて苦境を乗り越えたら、
たくましくなれる。
公的な相談窓口も多彩

## ●「つらい」「助けて」と言えなくて体や心を壊したら、元も子もない

「甘え」と聞いて、どういう言葉が浮かびますか？

ずるい。未熟。弱虫。根性がない。いい気なもの。あきらめ。実力がない…？

ポジティブな言葉が浮かぶ人は、とても少ないでしょう。同情を買って打算的に他者を利用するようなイメージがあるのだと思います。

日本には昔から「恥の文化」、まわりに迷惑をかけたり、いやな思いをさせることを「恥ずかしい」と考える文化が根強くあります。ラクしていい思いをすることも、恥ずべき行為。だから「甘え」に手厳しいんです。

最近の若者は恥を知らない？　いえいえ「自己責任」「自業自得」という言葉を、中高生がふつうに使っています。**「困ったら人に甘えるなんてとんでもない。自分のことは自分で責任持ってなんとかしなさい」**と、**10代から洗脳されているのです。**

20年ほど前から日本型の終身雇用や年功序列が崩れ始めて、「就職したら一生安

泰」という甘えが許されなくなったことや、一時期「生活保護受給者バッシング」に火がついたことも、社会を息苦しくしています。

**●苦しい時、甘える勇気を出して自分の心身を守る。それこそが何よりの「自己責任」**

とにかくこの国では、「つらい」「助けて」と言いにくい。しかし、行き詰まってしまったら、自分だけでできる努力には限界があります。だれにも相談できず、救いも求められず、体を壊したり心を病んでしまっては、元も子もありません。

甘え方を知らない人こそが、うつ病になりやすいと言ってもいいでしょう。

「打たれ強い人」「心が強い人」とは、決して「打たれても平気な人」「修羅場でひとりがんばり抜く人」ではありません。「打たれたときに誰かに頼れる人」「修羅場を生き延びる方法を知っている人」こそが強いんです。

**苦しい時には、だれかに打ち明けてみる。行き詰まったら頼れる人や窓口を見極め、「力を貸してください」と駆け込む。そういう「甘え」は弱さどころか生き抜く力、自己主張できる強さです。**

また、相談された＝甘えられた側も、「頼られた」「自分が選ばれた」「尊敬されている」と、むしろ喜んでくれることが多いんです。

**甘える勇気を出して、自分の心身を守ることこそが、なによりの自己責任です。**

助けを借りてピンチを乗り越えられたら、ひとまわりたくましくなって生きていけます。そして人生は持ちつ持たれつ、社会は「お互いさま」で成り立っていますから、今度は自分がだれかのピンチを救う側に回る。

いい意味で「相互に依存する」ことが、人間関係も人生も豊かにします。

公的無料相談窓口も「こころの健康相談統一ダイヤル（電話0570－064－556）」「精神保健福祉センター」「教育センター」「総合労働相談」など多彩です。お金の問題もたとえば「困窮しているが持ち家で生活保護NG」の場合、不動産を担保に生活費を借りられる「生活福祉資金」制度があったり、借金、相続、離婚などの法律トラブルの相談窓口「法テラス・サポートダイヤル（電話0570－078－374）」もあるので、まずは電話をしてみると突破口が開けると思います。

# 支配・イジメ・虐待

マジメでノーと言えないタイプの人が
「職場の奴隷」に。
夫婦や家族間では、
「こうあるべき」思考で縛りあう構造が、
支配や洗脳を生む

## ●長いものに巻かれてイライラをためこみ、「いじめていいターゲット」を集団リンチ

支配やイジメ、虐待の問題は、とても複雑です。

強いマインドコントロールや暴力支配だけでなく、ふつうの職場や家庭生活でも、**私たちは知らず知らず「誰か」や「何らかのルール」に支配されやすい。**

上からの命令を「言われた通りやるしかない」と思い込んで、信じられない不正に手を染めるのも支配構造。官公庁エリートから個人商店の店員まで、職種やキャリアに関係なく、マジメで律儀でノーと言えないタイプが支配されやすいのです。

そういう人は、苛酷な残業やノルマも必死でこなします。「あなたがいなくても、なんとかなる」という説得を受けつけない「認知（思考や判断）のゆがみ」があり、「自分がやらないと仕事が回らない。まわりに迷惑をかける」と、職場の奴隷になって身も心もボロボロに壊れ、過労死や自殺を招くことにもなりかねません。

日本人は忠誠心が高く「長いものに巻かれる」国民ですから、多くの人が、強い

相手にはなにも言えない。するとイライラがたまります。そこで、自粛期間中に飲み歩いてコロナに感染した芸能人などの「いじめていいターゲット」を見つけだし、みんなで叩きのめしてストレス発散。この集団リンチ的な構造も言葉の暴力による支配と言えます。

人との関係が「勝てば支配者、負ければ奴隷」で、上には卑屈なほど頭を下げ、下には異常にいばる。弱者と見ると人格否定、無視、マインドコントロールなど、あらゆる手段を使って支配にかかる。自分がそうならないように気をつけましょう。

## ●夫婦や家族の間では、支配−被支配の関係がよりおきやすい

夫婦や家族の間では支配―被支配の関係が、よりおきやすい。「支配したい」タイプと「されやすい」タイプが揃うと、たちまち支配構造ができてしまうからです。

また、ありがちな夫婦間のいざこざでは、**両方に「こうあるべき」思考が強いと支配につながります。**気が合っている間は「夫（妻）はこうすべき」「家族はこうあるべき」「世帯年収は絶対これ以上」と互いを洗脳し、縛り合ってうまくいきます。が、意見が食い違うとより強い「こうあるべき」を持つ側が支配し、逃げ道がない

か、ほかの可能性を考えられない側が、結果的に支配されることになります。

**家庭内の支配構造に気づいたら、まず自分から「べき思考」をやめること。**

逃げ場を作ることも必要です。たとえば妻の監視下に置かれ、自分は金を引き出されるだけの「ATM夫」と化していると感じたら？　そこで「妻がいないと、家族を失うと、自分は生きていけない」と思いこんでいると、関係性は変わりません。「逃げる選択肢もある」「本気で願えば未来は変えられる」と発想を切り替え、鬼嫁からの逃走ブログを読みこむなど、自由を取り戻す方法を模索してください。

暴力による支配はまた別です。虐待を受け続けると、一種の麻痺がおきて相手を理想化して媚びたり、周囲に「仲良し」アピールを始めて、その関係に安住してしまう。とにかく早めに公的機関などに相談してください。

支配したがる人の多くは、親の愛情が薄かった、しかられてばかりだったなどの理由で、自己愛が満たされていないものです。ほめ言葉に飢えているので、身近な人は、しょっちゅうほめてあげながら、うまく距離をとってください。

# 執着する

執着気質をプラスのパワーにするには
「これしかない」ではなく
「いろいろある」と考え、
悩みでなく仕事や課題への執着に
ベクトルを変える

## ●生への執着はないはずだったのに、いざとなったら「できる治療は全部やりたい」

「どうしてもあれが欲しい」「こうしたい」「手放したくない」「わかってほしい」…。私たちは、いろいろな人やものごとに執着します。

究極は「生への執着」ですね。

以前、ビートたけしさんにテレビの控え室で、「**先生、寝たきりになってまで生きていたくないって、ウソだよな**」と言われてハッとしました。「うちのばばあ(母親)は、元気なころは〝寝たきりになったら殺してくれ〟と言ってたのに、ほんとに寝たきりになったら『たけし、ちゃんと医者に礼してるか?』って言うんだよ」

私の経験でも、「早くお迎えがきてほしい」と言い続けていた患者さんが、いざとなると「できる治療は全部やりたい」と180度変わることはよくあります。

だから患者さんから「和田先生は、〝人にはみんな生への執着がある〟という前提で話をされていますが、ヨボヨボになってまで生きていたくない人も多いと思うんです。少なくとも私や私の家族は、生への執着はあまりありません」などと言われると、私はこう答えています。

「人間とは不思議なもので、老いにしても車椅子生活や寝たきりにしても、なったらなったで意外にそれを受け入れて、やはり生きていたい、という気持ちになることも多いようですよ」。

## ●別の見方をすれば「執着は熱意。やりぬく力」。こだわりや完全主義も使いよう

執着は仏教用語で、とらわれ、こだわり、真実が見えない心の状態。執着は「捨てるべきもの」で、執着から完全に自由になるのが悟りの境地とされています。

メンタルヘルスの世界でも、「執着気質」は「非常にこだわりが強い完全主義者で、怒りや落ちこみなどのマイナス感情をいつまでも引きずる」「うつ病やストーカーになりやすい」など、さんざんな言われようです。

しかし、言葉を変えれば執着とは「熱意」「自分のスタイル」「やり抜く力」だし、

こだわりや完全主義も、使いようでプラスの大きなパワーに変えられます。
歴史に名を残すような偉人やアーティストはみんな、才能に加えてケタはずれの執着心を燃やし続けた人たちです。職人が神わざのような技能に到達する原動力も、執着心です。

**ビジネスの場で執着気質をプラスのパワーに変えて、前向きに活用するコツは「これしかない」ではなく「いろいろある」と考えること。そしてものごとを、できるだけふんわりと受けとめることです。**

どういう場合も「こうなるはずだ」「絶対大丈夫」などと思い込まないで「まあ、これぐらいは想定内」「最後はここを譲れば、私のプランが通るだろう」と、クッションやグレーゾーンを用意しておきます。

心理的に、人は「ひとつのことにとらわれると、ほかが削除される」という特性を持っています。執着しやすい人は、ひとつの思いこみにがんじがらめになりやすい。だから「考え方を少し変えてみる、広げてみる」「視点をちょっとずらしてみる」ことを心がけてください。

たったそれだけで見える景色がガラッと変わって、「世界は広くていろんなことが起きている。いろいろな可能性がある」ことに気づきます。

本来、やり抜く力をもっている執着気質の人が、柔軟性と広い視野を手に入れたら、鬼に金棒です。

目標に向かって、リラックスして進んでください。

第4章

# 劣等感の整理学

# 嫉妬

人を引きずり下ろすことに熱中するなんて、
エネルギーがもったいない。
自分を引き上げるバネ、
がんばる力に転換すれば、
嫉妬はよい起爆剤

## ●嫉妬は「自分の立場を守りたい」という生存本能。だから人の不幸が蜜の味に…。

「嫉妬に用心なされませ。嫉妬は緑色の目をした怪物で、人の心を餌食にしてもてあそびます」（シェイクスピア『オセロ』）

オセロは策略にはまって「妻が浮気した」と思いこみ、嫉妬に狂って殺しました。嫉妬は「大切な人、モノを取られる」「負ける」「地位を奪われる」「注目されなくなる」ことへの恐怖から沸きおこる、凶暴な感情です。

政治経済、戦争、スポーツ、恋愛、受験など、人が動くところには必ず嫉妬が渦巻き、人間の行動を支配します。

なぜなら**嫉妬は「自分の立場、命を守りたい」という、生存本能だから。**

原始、私たちの祖先はナワバリや獲物を命がけで奪い合っていました。自分より少しでも多く手に入れる者は、命を脅かす「許せない」存在でした。

農耕が始まると、ムラで頭角を現す者は「みんなの食糧や宝をひとり占めするのでは」と警戒され、落ちぶれてくれるとみんな安心しました。そんな歴史を経て、私たちの脳は「人の不幸は蜜の味」…人の転落に喜びを感じるようになっています。

### ●陰でネチネチ中傷？ 自分改造エネルギーに転化？ 嫉妬のパワーは使いよう

このすさまじい嫉妬のパワーを、現代に生きる私たちはネガティブにもポジティブにも運用できます。嫉妬を2つの型に分けて説明すると

**「エンビー型」**…恵まれた人を激しくうらやみながら自分は努力する気はなく、陰でネチネチ中傷するなど「引きずり下ろす」ことに熱中する、**ネガティブな嫉妬。**

**「ジェラシー型」**…あの人がうらやましい、負けたくないという思いをバネにして、自分を鍛え、実力をつけていく**ポジティブな嫉妬。**

たとえば同窓会で、輝いている幼なじみと会って「私も絶対きれいになる」「必ずあいつを超える」と、自分改造計画をスタートさせるのはジェラシー型の嫉妬。「あいつヤバいよ…」とデマをばらまくのが、エンビー型の嫉妬です。

今は、ネット叩きで人を引きずり下ろそうとする人たちも多いですね。叩くこと

で自分が優位に立てた気分になれて、暗い喜びに浸るわけです。

某ブロガーが「しかし叩くのもかなり労力を使いそう。そんなひまがあったら、自分を高める時間を作ればいいのに。人が必死でだれかの足を引っ張ってる間に、私はネットでサクッと稼いでますよ」とつぶやいていました。

エネルギーの無駄遣いは、本当にもったいないです。


私の東大生時代の文系の同期は、当時ダントツ人気だった証券会社や銀行に、どっと就職しました。さぞ、同世代の羨望と嫉妬を浴びたことでしょう。

しかしバブルがはじけて、業界トップクラスの証券会社がまさかの破綻、銀行も大胆なリストラを行い、何人もの同級生が会社を追われました。そこから外資系に移り、年収が10倍になった人もいた。逆に、上司に取り入って出世していたようなタイプは、景気が悪くなるとたちまち左遷されて、埋もれたままです。

そういう人間模様を見わたすと、「嫉妬はよい起爆剤」と考えて、どんな時代にも、どんな状況でも通用するように自分を磨くこと、実力をつけるのが賢明ですね。

# 劣等感・コンプレックス

口ベタであがり症のトップセールスマンは多い。
劣等感の最良の克服法は
「弱点を武器にする」
「得意なことを全力で伸ばす」

## ●「人より劣っている」と思いこんで自分の可能性にフタをするのは、残念すぎる

仕事ができる人を見て「とてもかなわない」、ドジな人を見て「自分はまだマシ」。私たち人間は「人と比べたがる」動物です。そして「劣等感・コンプレックス」……「自分は人より劣っている」という感情に悩まされます。頭が悪い、能力がない、背が低い、ブサイク、口ベタ、地方出身など、なんでも原因になります。

劣等感にとらわれて「どうせなにやってもダメ」と、自分から可能性を閉ざしている人も多い。なんとも残念です。**その欠点は、武器になるかもしれないのに。**

実例を挙げますね。「あがり症」に悩んでいて、克服したいと相談にみえた、自動車のセールスマンがいました。いかにも実直な感じですが、質問するたび顔がまっ赤になって、返事もしどろもどろ。要領も悪そうで「セールスマンとしては、さぞ苦労しているだろうなあ」とこちらが心配になるほどでした。

ところが周囲からの情報が集まると、彼はなんと1年に100台以上の車を売り

上げる、トップセールスマンでした。何度か話を聞くうちに、理由がわかりました。**とても誠実で一生懸命で、あがり症なのもかえって、安心感を抱かせるんです。**セールスマンは口八丁手八丁と思われがちですが、それは相手に警戒感を抱かせることが多い。どの業種でも売り上げトップになるのは意外に朴訥な人が多いです。「あがり症は、あなたの大きな武器だと思いますよ。克服なんかすると強みを失うことになるのでは」と私が言うと、彼は「わかりました。私はこれからも、口ベタであがり症なセールスマンとしてやっていきます」と、ニッコリして帰られました。

## ●特技を生かせる仕事の幅は広がっている。目標を立てて打ち込めば、劣等感は飛ぶ

でもやっぱり劣等感にとらわれてしまう、という人には「欠点を見ないで目標を見る」という、森田療法の方法をお勧めします。赤面症に悩む、もうひとりの学生さんとのやりとりを再現してみます。

「子どものころからの赤面症がひどくなって、最近はうつ状態です」

「顔が赤くなると、なにがマズいのかな?」「ヘンな人だと思われます」

「そうか、あなたは人に好かれたいんですね」「でも、こんな顔ではムリです」

「いや、私も精神科の医者を長くやってるから、顔が赤くなるけど愛されてる人を何人も知ってますよ。もっと知ってるのは、顔が赤くならないのに嫌われてる人」「それは目からウロコです」「私は赤面症は治せないけど、あなたが好かれる方法…印象を明るくするとか、話がはずむ方法とかなら、一緒にいくらでも考えられますよ」

治しようのない欠点のことを悩んでも、ラチがあかない。だから「なりたい自分」に向かって「改善」を工夫して自分を高めよう、という考え方です。

そして、**すべての劣等感の、最良の克服法は「ひとつでいいから、自分が得意で熱中できるものを、わき目もふらず伸ばす」こと。**

私は小学校のとき、そろばんを始めたら1年で3級になれた。それがすごい自信になって、イジメられても運動音痴でもメゲずにいられました。そろばんつながりで算数・数学が好きになり、それを伸ばして東大に入り、医者になりました。

年収数億円のユーチューバーが続出するなど、特技を生かせる仕事の幅は広がっています。目標を立てて得意なことに打ち込むと、劣等感なんて吹き飛びますよ。

## うらみ

アイツを許せない。
憎い。一生うらんでやる…。
無理して消すことはない。
うらみ節を吐き続けてもいい。
開き直って、うまくつきあう

## ●「うらんでもいい」と受け入れ、動いて気分転換。「損得」を考えると手放しやすい

自分をひどい目にあわせた相手を、どうしても許せない。どれだけ時間がたっても、くり返し、くり返しドロドロとしたうらみがわいてきて苦しい。

本書を手に取った多くのかたが、家族や他人へのうらみを抱えていると思います。

まず「うらみ続けていい。許さなくていい。無理して消すことはないんだよ」と、自分を受け入れると少し気がラクになります。すかさず、今まで何度かお伝えした「動いて気分転換」を試みます。ドロドロした感情は「手洗い」「うがい」「トイレ」「シャワー」「洗濯」など、水に流すアクションですっきりしやすいです。

うらみがわくたび「うらんでいい」と受け入れて気分転換していると、そのうちちょっと飽きてくるかもしれません。そこで「損得」を考えてみます。

どうしても許せないアイツは、いま、どこでどうしていると思いますか？

あなたを傷つけたことを深く悔やんで、つらい毎日を送っているでしょうか？

残念ながらおそらく、きれいさっぱり忘れて元気に生きているでしょう。

なのにあなたはずっとうらみにとらわれ、長いこと苦しみ続けている。

ああ時間がもったいない、バカバカしい。そう思えたら、うらみの手放しどき。

「おまえを許す。サヨナラ」と、洗面台にでもジャージャー流してしまいましょう。

## ●絶望名人カフカの名言「いちばんうまくできるのは、倒れたままでいることです」

しかし、なかなか「うらみっこなし」にはなれない深い痛手もありますね。

「将来に向かって歩くことは、ぼくにはできません。将来にむかってつまずくこと、これはできます。いちばんうまくできるのは、倒れたままでいることです」

これは『絶望名人カフカの人生論』(飛鳥新社)にある、作家フランツ・カフカの言葉。常に悩み、弱音を吐き、『変身』『審判』などの作品で悪夢を書き続けました。それも発表する気はなく、全原稿の焼却を友人に頼んだのですが、カフカの死後、友人が遺言にそむいて次々に刊行したおかげで、20世紀を代表する作家に。

読者からは「心が沈んだときに暗すぎるカフカを読むと、なぜか勇気づけられる」「絶望感たっぷりなのに笑ってしまう」…と、救われたという声が多いそうです。

絶望ばかりしつつ、カフカはプラハの保険局で役職に就き、4回恋をして婚約者に500通も手紙を送りました。死因は結核で、自殺はしていません。

どん底まで落ちても、あせることはないんだ。ボヤく場を見つけて、マイペースで、やれることをやっていけばいいんだ。カフカを読んで、「なんだ、こんなんで生きていけるんだ」と気がラクになる人は、とても多いと思います。

私もよく患者さんに「気持ちが打ちのめされたら打ちのめされたまま、落ち込んだら落ち込んだままでもいいんですよ」と言います。

**「うつむいて生きるのも悪くない、ぐらいの気持ちになったほうがラクです**。心の自然治癒力を信じて、自分をよくいたわって、生活のリズムだけは守っていってください」とアドバイスします。

うらみはやっかいですが、うらみつらみを抱えたままでも、なんだってできます。カフカを見習って、創作でも仕事でも恋でも、手当たり次第にやってみましょう。ジョギングや筋トレなど「やっている間は頭がからっぽになる」運動も、気分転換に最高です。**うらんでもいい。ただ、うらみから「離れる」時間を増やしましょう。**

# ひがみ

ひがむとは、

「自分は運が悪いから、どうせうまくいかない」

と決めて動かず、
幸せな人を激しくねたむこと。

運がいいか悪いかは、考え方ひとつ

## ●「自称・不運」な私よ、さようなら。ディズニーに教わる、夢を追い続ける勇気

私自身が40代半ばまで、ひがんでばかりいたのではっきり言えます。ひがむとは「自分は運が悪いから、どうせうまくいかない」と決めこんで動こうとしないこと。そして人の成功や幸せを激しくねたみ、「あいつは実力もないのに、上に取り入るのがうまいから」などとケチをつけて、悪口雑言をつぶやき続けることです。

精神科医として、心の病気を抱える大勢の患者さんと長年向き合って、私はあることに気づきました。「自分は運が悪い」という言葉を、すごくよく聞くんです。

「今までいいことなんてひとつもなかった。だからこれからもあるわけない」

「病気がよくならない。いろいろやっても、治るとは思えない」

「今はちょっと調子がいいけど、どうせ長くは続かない。またすぐ悪くなる」

そして、じっとしている。この「自称・不運」グセをなんとかしないと、心も体も健康を保てないし、チャンスのきっかけもつかめません。

患者さんが訴える「不運」は、「虐待」「いじめ」「片親」「貧乏」「受験にも就職にも失敗」「大病」「ふられた」などさまざまです。

私は耳を傾けながら、「こういう楽しい時間はなかったですか？」「ほめられたこと、一度もありませんか？」などと、じっくり聞いていきます。

すると、みなさん顔がパッと輝いて「あ、思い出した！」。

**人生丸ごと不運なんてありえない。「いいこと」は、必ず誰にでもあるんです。**

それに、不運はバネにもなります。たとえばミッキーマウスを生んだウォルト・ディズニーは、父の虐待、貧困、解雇、2度の倒産、スタッフ大量引き抜きなどをものともせず「人生で経験したすべての逆境、トラブル、障害が、私を強くしてくれた。夢を求め続ける勇気さえあれば、すべての夢は実現できる」と語っています。

## ●同じできごとを「災難」と見るか「チャンス」と見るかで人生、大違い

また、ひがみっぽい人はなにごとも「災難」と受けとめやすいですね。

たとえば、上司にちょっと面倒な仕事を頼まれたとき、「あ〜あ、メンドくさい」

と舌打ちしながら、いいかげんに片付けていませんか。まわりはよく見ていて、「これでは大事な仕事は任せられない」という評価が、共有されてしまいます。

一方、上司の依頼をチャンスととらえて「ハイッ、できるだけ早く仕上げます」と全力投球する人もいる。すると「頼みやすくて仕事が速い」と重宝されて、やりがいのある仕事が回ってきます。

叱られたときも、ひがみっぽい人は「なんで私だけが」と口をとがらせますが、「ありがたい。おかげで大きいミスをしなくてすんだ」と、感謝する人もいます。

つまり、**チャンスと災難、幸運と不運は紙一重。考え方ひとつなんです。**

世の中には「人生は楽しくて、チャンスの連続」と考える人と、「人生はイバラの道で、苦難の連続」と考える人がいます。世界の成功法則の基本は「いいことを思えばいいことが起きる。悪いことを思えば悪いことが起きる」ですから、「人生は楽しい」と思える人の方が確実に、幸せや成功を引き寄せます。

ひがんでる場合じゃないと思いませんか？

# 虚勢を張る

いばる、強がる、見栄を張る…。
「弱い自分を認めたくない、悟られたくない」から
威嚇する。まともに取りあわないか、
すっと引くのが賢明

## ●自信がないから、大きな態度を取って相手の反応をうかがう。ブランドに依存する

虚勢を張る人…いばったり、強がったり、自慢して自分を大きく見せようとする人は、あちこちにいますね。「勝つ」ことにも、とてもこだわります。

なぜそんなに、人より優位に立ちたいのか。

ひとつは、弱い自分を認めたくない、弱さを悟られたくないからです。

自然界では、弱い生き物ほどハデな模様や大きな鳴き声で、相手を威嚇します。

虚勢を張る人も、大きな態度をとりながら「相手はどういう顔をするか」「なにを言うか」と、常に反応をうかがっています。そして相手が脅えた顔をしたり、ひきつった愛想笑いを浮かべると大満足。逆にのれんに腕押しで相手が平気な顔をしていると、イライラしてますますどなったりします。

**虚勢を張る人は自分に自信がないので、相手からバカにされたり、笑われたりすることを極度に恐れるんです。**

「まわりはみんな敵」だと思っている場合もあります。

生い立ちが複雑だったり、虐待やイジメにあったり、もともと疑り深い性格だったりして自分しか信じられず、「こっちが先に攻撃しなければ、いつやられるか…」と身がまえて、先制攻撃で虚勢を張っています。

それから、自信のなさをブランドで埋める虚勢もあります。身につけるものは常に他人の目に触れるので、高級ブランドの服、靴、バッグ、腕時計などに依存する。「一流品で身を固めれば一流に見える。バカにされない」という心理が働きます。

家柄や学歴をひけらかしたり、詐称したりするのもブランド依存の虚勢ですね。

## ●実力のある人ほどえらぶらず、腰が低い。押し返さず、うまく引ける人になろう

でも実際には、「**実るほど、頭を垂れる稲穂かな**」。実力のある人ほど謙虚でえらぶらず、**腰が低い**。この真実に、世界中の人が大昔から気づいています。

1500年前に書かれた、ユダヤ教の聖典から広まった小咄を紹介すると

弟子「先生、真理がどこにでもあるなら、石ころのようにありふれたものですか?」

師匠「その通り。だから、だれでも拾えます」
弟子「では、なぜ人々はそれを拾おうとしないのでしょう」
師匠「真理という石を拾うには、身をかがめなくてはいけません。難しいのは、その〝身をかがめる〟ということなのです」

だから自分の腰は低くして、押し返さず、うまく引ける人になりましょう。
**いばる人とは距離を置き、上から目線でなにか言われたら「そうですか、わかりました」と、スッと引いてその場を離れます。**

職場の同僚など、逃げられない相手が意見を押しつけてきた場合は「条件を付けて引く」方法も試してみてください。「冗談じゃないよ」と思っても、ちょっと大人になって「じゃあ、まずそのやりかたでやってみよう。うまくいかなかったらオレのやりかたも試してね」。衝突するより、はるかに賢い方法だと思います。話の内容によっては、**仕事で忙しいふりをして「まともに取りあわない」方法もあります。**

精神的マウントをとりたい（自分が優位に立ちたい）タイプの相手に対しては、引いた方が気持ちがラクだし、逆にこちらの主張が通りやすくなることも多いのです。

# 自信・自己肯定感を持てない

自分を肯定し、価値ある存在として
ありのままに受け入れよう。
批判的な人から離れ、
自分を認めてくれる人や「場」をさがそう

## ●自己肯定感が低いと「心の免疫力」が落ちて、傷つきやすく「打たれ弱い」状態に

「自分にぜんぜん自信がなくて、自己肯定感を持てない。メンタルが弱いんです」
「私の自己肯定感が低いのは、親からずっとバカだと言われてきたから…？」

最近よく聞く「自己肯定感」は心理学用語で、自分を肯定し、価値ある存在として受け入れること。人はみんな強みも弱みも持っています。どれがいい、悪いではなく全部まとめて「これがわたし」とありのままに受けとめる心の持ちかたです。
ミスをしたり、心が傷つくと「自分はバカだ、ダメな人間だ」と、一時的に自己肯定感が低くなることはありますね。これはどんな自信家にもおきることで、時間がたてばたいてい元に戻ります。ところが、**必要以上にくり返し自分を責めぬく、自己嫌悪や自己批判の強い人がいます。**

**すると、自己肯定感の低い状態がふつうになってしまう。これは心の健康のために、非常によくないことです。**アメリカの心理学者ガイ・ウィンチ氏の、「心の免疫

力」という言葉で理解すると、わかりやすいです。

**自己肯定感が低いと心の免疫力が大きく下がり、私たちの心はちょっとしたことで傷つく「打たれ弱い」状態になってしまう。**気分が沈んで悲観的、消極的になり、不安に取りつかれる。すると摂食障害や依存症にもなりやすいし、人間関係への満足度も下がりやすくなります。

体の免疫力が落ちるとドミノ倒しのように、よく風邪をひき、新型コロナやインフルエンザや肺炎にも感染しやすい上に悪化しやすく、がんも暴れやすくなって、命を縮めるのと同じですね。

## ●自己否定を吹き飛ばせ。弟は「オレの頭は悪くない」と宣言してまさかの東大合格

まわりに批判的な人が多いために、自己肯定感が低くなっている人も多いです。しょっちゅうけなされたりダメ出しされると、素直な人は「自分はやっぱりダメな人間なんだ」と、自己暗示にかかってしまう。

私たちは信じられないほど「人の言葉」に左右されます。元気な人が、3人から立て続けに「顔色が悪いね。どうしたの?」と言われると、急に具合が悪くなる。逆

に「プラセボ（ニセ薬）効果」というのもあって、「これは痛みによく効きますよ」と医者に言われると、ただの砂糖玉でも3〜4割の人の症状が軽くなります。

言霊とはよく言ったもので、言葉の力は本当にすごいです。

だから、**批判的な人や説教好きな人からは、まず離れること**。それが難しいなら、いつものネチネチが始まった瞬間、心の耳をふさいで「馬耳東風」でいきましょう。

そして自分を認めてくれる人や「場」を真剣にさがすことです。歌、マージャン、スポーツなど、自分が好きな分野のサークルに入ると、見つけやすいですよ。

私の弟は勉強ができなくて小学校では今でいう特別支援学級を勧められ、中学受験も失敗、高校も「年に1人京大に受かるか」レベルの学校で並の成績でした。

ところが、高2で急に「オレの頭が悪いんじゃない。学校のやり方が悪い。灘高方式でやれば東大に行ける」と言い出した。そこで私が「暗記数学」のやり方や灘の友人が東大の論述式問題対策に愛読する歴史書などを教えたら、まさかの東大文1現役合格。高校創設以来2人目の快挙でした。

「必要なことはただ一つ、できると信じることだ」（アンソニー・ロビンス）

あ、そうかと気づいたときが新しいバースデー。もう自己否定はやめましょう。

第5章

# 自己愛の整理学

# 自己愛が強い

人間はみんな「自分大好き」で
「人に認められたい」「ほめられたい」と
熱烈に願う生き物。
ほめてくれる人、頼れる人を
見つける力をつけよう

●自己愛が満たされるとうれしくて心が安定する。傷つけられると激怒して不安定に

ナルシスト。自分大好き。私を見て見て。自己チュー。自意識過剰。うぬぼれ屋。自己愛の強い人はよくからかわれますが、人間はもともと「自分大好き」で自分がいちばん大事。「人に認められたい」「ほめられたい」と、熱烈に願う生き物です。

いまアメリカで最も人気のある心理学者、ハインツ・コフートは「人間とは自己愛を満たすために行動する動物」と、定義しています。

人間のすべての行動は、自己愛から生まれる。自己愛が満たされるとうれしくて心が安定し、自己愛が傷つけられると、激怒して不安定になる。それが人間だと。

確かに「君はすごい」「センスいいね」「いつもがんばってるね」などとほめられるとゴキゲンになり、「このバカ」「黙ってろ」などと言われるとカーッとしますね。

「愛情に恵まれて育った人は心が安定していて、必要以上に甘えよう、愛情を得よ

うという考えには至らない」というのが、コフートの考え方です。逆に、親に無視されたり、周囲に認めてくれる人がいないまま成長した人…満たされない自己愛を抱えた人を「悲劇の人」と呼びました。すると自分で自分をほめるしかないので、傲慢になったり、逆に自虐するようになったり、心が不安定になりがちです。

また悲劇の人はよく「○○さえかなえば」自分は変わる、幸せになるという幻想で、自己愛を一気に満たそうとします。「いつか白馬の王子様が現れて、すべてうまくいく」「お金さえ入れば幸せになれる」…と。

それが極端に出たのが「自己愛パーソナリティ障害」。自分は特別だと思いこみ、世間の賞賛を集めることだけに熱中して、人目を引く服装やしゃべりかた、学歴の詐称などで重要人物ぶりを演出する心の病気です。

## ●甘えあい、支えあえる「相互依存」がかなうのが、最も幸せな人間関係

「悲劇の人」を思わせる知人がいて、あなたの心に余裕があったら、できる範囲でグチに耳を傾けたり、思いきりほめてあげてください。認められた、ほめられたと感じるたびその人の「満たされない部分」が埋まり、心に余裕が生まれます。性格

が穏やかになって、いい人間関係を築けるようになります。

そうやって、他者の介入によって人は変わっていけると、コフートは考えました。**あなた自身が「満たされていない」と感じていたら、認めてくれる人を探し歩いてください。意志があれば、必ず見つかりますから。**

ただ、難しいのはバランスです。「悲劇の人」は、一方的な思いこみでストーカー的になったり、甘えられる人に依存しすぎることがあります。本人も、支える人も、そこをよく理解して、よく話しあって、よい関係が築けるようにしてください。


私たちはひとりでは生きられず、自分だけの能力ではやっていけません。だから、「人と甘えあい、人に支えてもらって成果を高めよう」「ほめてくれる人、頼れる人を見つける力をつけよう」「甘え上手になろう」と、コフートは提唱しました。

この甘えあい、支えあえる「相互依存」がかなうのが、最も幸せな人間関係です。自分のことも、相手のことも大切に思うことができて、気持ちもとても安定します。

そういう親友やパートナーを見つけられたら、人生の最高の宝物ですね。

# 思いつめる、まじめすぎる

「〜ねばならない」とよく思い、
手抜きができないと逃げ場がなくなる。
「ちょっと雑に生きてみよう」、
と自分に声かけを

## ●三浦春馬さん、清水由貴子さんの悲劇は、まじめで「とことん自分でやる」主義

もしあなたが、「～ねばならない」と思いやすく、手抜きができない性格だったら。「ちょっと雑に生きてみよう」という言葉を、ぜひ頭にインプットしてください。心を病んだり、命を縮めたりしないために。

人気俳優・三浦春馬さんが２０２０年夏、30歳の若さで唐突に命を断ちました。容姿にも才能にも恵まれ、仕事は順風満帆。公私を問わず「まじめな気配りの人」と好かれ、本人は「コレと思ったらとことんやる」。体を鍛えあげ、日舞から英語までスキルを磨き、役作りでも苛酷な減量、独自取材など全力投球。マネージャーに「あなたは完璧主義だから。いい意味でもっと適当になって」と言われていました。日記に「死にたい」と記しながら、死の前日の撮影でも明るく笑っていました。

以前、タレントの清水由貴子さんが「介護自殺」した事件もありました。施設に親を入れたくないと実質引退。母親の介護をひとりで抱え、精神的、肉体的に限界

にきても周囲には笑顔で「大丈夫」。だれにも弱音を吐かず、自ら命を断ちました。

## ●「負けは負け」「できないことはできない」「いまはダメでもそのうちに」の救い

三浦さんと清水さんの悲劇は、「まじめすぎる」悲劇です。簡単な質問をします。

**「負けちゃいけない」「やればできる」「いまがすべて」と考えていませんか？**
**どれかひとつでもあてはまったら、あなたは十分まじめな人です。**

3つともイエスなら、大変な努力家のがんばり屋さんで超まじめ。秘かに「自分は勝てる、なんでもできる」と思っている自信家、うぬぼれ屋さんとも言えます。

そして先が見えていなくて、目の前の問題に振り回されています。

そういう人が「負け」や「できない」ことを予感したら？「いや、そんなはずはない」と勝つまで、できるまで、ひたすらがんばって、努力し続けるしかありません。するとどんどん苦しくなって、追いこまれて、倒れてしまう。

「しがみつくことで強くなれると考える者もいる。しかし時には、手放すことで強くなれるのだ」（ヘルマン・ヘッセ）

あなたの苦しみの原因が、自分の自信やうぬぼれにあることを、まず認めてください。そして**「負けは負け」「できることで勝てばいい」とギブアップする。**

あるいは将来に目を向けて「いまはダメでもそのうちに」と開き直ることです。目の前の問題を放り投げたって、全くかまわない。自殺するより、ずっとマシです。

まじめな人は「そんなこと許されるわけない」「決めたことはやり通さねば」と考えやすい。でもそう考えること自体、うぬぼれていないでしょうか。「誰もあなたに、そこまで期待してませんよ」と言われたら、たいていの人がムッとしますね。それは心の底で「わたしは負けない」「絶対できる」とうぬぼれているからです。

世の中には、見るからにストレスと無縁そう、幸せそうな人がいます。負けても失敗しても「明日からまたスタート」と平気。できないことはあっさりあきらめて「これはそのうちできりゃいい。次いってみよう」。柔軟なんです。

みんなから好かれる人。非の打ちどころのない人。気配りをしすぎる人。それは危険です。「もうちょっと雑に生きてみよう」と自分に声をかけましょう。

# 唯我独尊

万人は平等。人はみな宇宙にただひとり、
代わりのいない人間として在り、
使命を持って生まれてきた、という釈迦の教え。
自分を信じよう

## ●欠点だらけでも、私は唯一無二でパーフェクト。ありのままで生きると幸せになる

「あなたはいつも自分のことしか考えてないよね。唯我独尊なんだから」
「あいつは唯我独尊のゴーマンな男だよ」
「唯我独尊」は一般的には、「自分がいちばんえらい」とふんぞり返るオレサマを表わす言葉です。暴走族やヤンキーの特攻服にも、よく刺繍されていますね。

しかし本来の意味は真逆。仏教の開祖、釈迦が説いた「万人は平等」の教えです。今から2600年前、釈迦は生まれた直後に、「天上天下唯我独尊」と叫んだとされます。その意味は「人はみな宇宙にただひとり、代わりのいない人間として在り、命のままに尊い。ひとりひとりが聖なる使命を持ってこの世に生まれてきた」。

この本来の唯我独尊…自分は唯一無二の存在である、という自覚を持つと、人に合わせる人生に180度のコンバージョン（転換）を起こすことも可能です。

「欠点だらけでも、私は私。これでパーフェクト」と自分を信じて、ありのままで

幸せに生きられるようになるからです。

自分の個性も人の個性も尊重できるようになるとまず、人間関係の悩みが減ります。人の長所や魅力がはっきり見えるようになり、「あなたはここがすばらしい」と、素直に認めて、伝えられるようになるので、仲間が増えます。

また、合わない相手には「合う合わないがあるのは当たり前。ムリして合わせることはないんだ」と心理的に距離をおけるようになり、振りまわされなくなります。

## ●人が点けてくれた明かりに従って進むのでなく、自らが明かりになりなさい

「自分はなぜ生まれてきたのか」「なんのために仕事をしているのか」「なぜ、苦しくても生きなければならないのか」などの、生きる意味についての疑問も、「私には私の使命があるから」と考えると、かなりすっきりします。

使命を果たすと言っても、難しいことではありません。「計算が得意」「聞き上手」「体力がある」などの、ひとりひとりの特性を目いっぱい生かして、できる範囲でだれかのお役に立つこと。やる気さえあれば、だれでも無理なく実行できます。

**唯我独尊に目ざめると、周囲に合わせたり振りまわされて封印していた「私はこう感じる、こう思う、こう生きたい」という心の叫びを表に出せるようになります。**

私自身、かれこれ20年以上「どうしたら自分を信じられるか」を考え続けてきました。それだけ揺れ動いてきたのですが、いまの私は、自分を信じています。「こうしたい。でもヘンに思われないだろうか」とひるんだときは「そんなに悪いことか？」と自答して勇気につなげて、常に自分の心の声に従っています。その方がラクに生きられるし、周囲に流されず強く生きられるし、幸せになれるからです。

釈迦は弟子たちに「自燈明」と遺言しています。「自らあかりを点《とも》せ。人が点けてくれたあかりを頼らず、自らがあかりになれ。そしてまず目の前のこと、今できることをひたむきにやるのだ。その小さな光が集まって、やがて大きな光となる」と。

また、天台宗の開祖・最澄の教えは「一隅を照らす、これ則ち国宝なり（片すみのささやかな物事に、ちゃんと取り組む人こそ尊い）」。

唯一無二の自分を信じることは、ふんぞり返ることではなく、お互いを認め合いながら、みんなが自分らしくのびやかに生きることです。自分を信じましょう。

## 依存症（酒、薬物、パチンコ、ゲーム、セックス、買物など）

「やめないと大変なことに」と思っても、欲望に勝てなくなる脳の慢性病

## ●二度とやるまいと誓うのに、また気持ちよくなりたいという脳の渇望に勝てない

「捕まるたび二度と覚醒剤をやるまいと心から誓うのに、また楽しく気持ちよくなりたいという脳の渇望に勝てなかった」（元タレント田代まさし、4度目の逮捕時に）

「将棋をやめてから酒浸りになり、重度のアルコール性肝硬変で余命1年と宣告されました。断酒してようやく体調が戻りました」（元女流棋士・林葉直子、トーク番組で）

「コロナ給付金の10万円を、もうパチスロに吸い取られた」（外出自粛期間中、他県のパチンコ店に遠征していた65歳の元公務員男性。ニュース番組の取材に）

「薬物を使っている時は、使うためのウソをつき苦しい日々でした」（元プロ野球選手・清原和博、依存症回復支援イベントで）

ストレスがたまってふと手を出したら、いやなことがスコーンと頭から飛んだ。ほかに楽しみがなくてどんどんのめりこみ、「やめないと大変なことになる」「破滅す

る」と思いつつ「あと1回だけ」。やれないとイライラしたり震えがくる。全力でやめても、また手を出してしまう。

どれか思い当たったら依存症を疑ってください。

これは心の病ではなく脳の慢性病です。脳は「気持ちいいこと」が大好きで、「もっともっと」と暴走しやすい。そして依存症の種は無数にあります。

酒、タバコ、ドラッグ、薬物などへの「物質依存」、パチンコ、競馬、マージャン、セックス、買い物などへの「行為依存」、SNS、恋愛などへの「関係性依存」…。

## ●主婦も会社員も検察長も、かんたんに脳を乗っ取られる。がまん強い人があぶない

だらしないダメ人間の病気と思われがちですが、**依存症は優等生やエリートにもとても多い。**人に弱みを見せられないマジメ人間が、「疲れやつらさを一時的に忘れられる。時間が早く過ぎる」と、酒1本、ドラッグ1回でやりすごすうち溺れる。

賭けマージャンで辞職した検事長が「身から出たサビ」と自嘲したように、「わかっちゃいるけどやめられない」「どうにもとまらない」のが、依存症です。

ある「パチンコ売春」のルポ番組では、パチンコホールで有り金を使い果たした主婦が、近くでドル箱を積み上げている男に声をかけて一緒にホテルに直行。体を売って手に入れた金で、また打ち続けていました。そうまでしてもやらずにいられなくなるのです。

酒や危険ドラッグ、覚醒剤などの薬物はどんどん耐性がついて量が増え続けて、脳がアルコールや薬効成分に乗っ取られてしまう。すると自分の意志では「ほどほどの量」に戻れず、専門施設などで断酒、断薬するしかなくなります。

そしてこの国には、依存症のワナがあまりにも多い。酒もタバコも街角の自販機で気軽に買えたり、賭博場であるパチンコ店が駅前に乱立する国は日本だけ。危険ドラッグの規制もゆるく、海外からネットでたやすく取り寄せられます。

なにかに依存しつつあると思ったら、とにかく「遠ざける」ことです。

**まずは1日ガマン。それを3日間、1週間、1カ月…と延ばしていく。すると「そこまで好きではなかったかも」と思えるようになるので、**大中小の「人生の目標」を立てて、「欲望を満たすことより、目標を達成する方がずっと楽しい」ことに目ざめましょう。

欲望を理性や意志でコントロールできない、と感じたら、すぐ保健所に相談するか、「依存症対策全国センター」をネット検索してください。専門機関や自助グループ（同じ障害、悩みを抱えた人、家族の自主的な集まり）などの情報を得られます。

第6章

# 性格と病気の整理学

## 病気になりやすい性格

楽観的…肥満
怒りっぽい…乳がん・結腸がん・心臓病
心配性…胃かいよう
内向的…心臓病、脳卒中
うつ病…アルツハイマー病

## ●諸説入り乱れる「病気になりやすい性格」。閉じこもる生活は万病を招く

「こういう性格だとこの病気になりやすい」ことについての研究は、世界中で行われ、諸説入り乱れています。感情の整理のご参考に、サワリを紹介します。

**楽観的な性格…肥満**　同志社大学で行われたダイエットの研究によると、楽観的な人ほど体重の減少が少なかった、つまり体重オーバーになりやすい傾向がありました。理由としては、「ポジティブな考えを持つ楽観的思考の人は、人生の困難に打ち勝てるという自信が強く、体重についてもクヨクヨしない。おいしいものへの誘惑に弱い」ことが考えられます。

**怒りっぽい性格…乳がん（女性）、結腸がん（男性）、心臓病**　勝ち負けにこだわり、アグレッシブ（攻撃的）で怒りっぽい性格は、健康を損なう大きなリスクのひとつ。競争心と怒りが体の免疫力を低下させることが考えられます。

ギリシャのキフィシア大学の研究結果は「怒りっぽい女性は乳がん、男性の場合は結腸癌になりやすい」「よく怒る人は穏やかな性格の人に比べて、心臓病を患うリスクが50％高い」。カッとしたとき血圧と心拍数が上がるなど、激しい心身の反応が心脳血管系にダメージを与えることが考えられます。

**心配性…胃かいよう**　パリ第5大学とカナダの精神療養機関の研究では、心配性の人はそうでない人より胃かいようになる確率が5倍も高いと報告されています。情緒不安定で依存しやすいため、タバコやお酒に救いを求めやすく、不規則な飲食や睡眠障害なども抱えやすい。それで多くの胃酸が分泌され、胃かいようを誘発するのでは、と分析されています。

**60歳未満に発症したうつ病…アルツハイマー病**　認知症で最も多いのはアルツハイマー病ですが、若い頃（60歳未満）にうつ病を発症すると、アルツハイマー病になるリスクが3・8倍、というデータがあります。再発回数が多いほど、リスクが高くなると考えられています。

運動嫌いも問題です。アルツハイマー病も含む認知症の予防法として現在、最も科学的根拠があるのは運動です。中年期に週2回以上運動している人は、1回以下の人に比べて、高齢になってから認知症になるリスクが50％も低い、などの研究結果が数多く報告されています。ウォーキングや水泳などの有酸素運動には海馬の萎縮を抑える効果があるので、毎日、少しずつでも続けましょう。

**内向的…心臓病、脳卒中**　米ノースウエスタン大学の研究では、内向的な性格の人が心臓病と脳卒中を患う確率は、普通の人より50％も高いと報告されています。内向的な性格の人は閉じこもりやすいため、環境が少し変わってもプレッシャーを感じて血管に負担がかかるようです。またウイルスに感染しやすく、一年に何回も風邪をひくのは内向的な人が多い、という分析もあります。

**外向的…病気に強い**　ミラノ大学の研究では、外向的な男性は心臓病や感染病にかかりにくく、病後の回復が早い。問題がおきたときにも、体調が悪いときにも、すぐに医師の診察を受けるなど前向きに対応するから、と分析されています。

# 健康意識が高い…がん

健康のためコレステロールを減らすと
免疫機能が落ちて、がんを発症しやすくなる。
感染症、うつ病、ボケ、ED（勃起障害）も招く

## ●「健康オタク」サンプラザ中野くんの誤算。動物性食品を断って、老化を早めた

健康意識の高い人はよく、コレステロール値を気にしてクスリで下げたり、動物性食品をひかえますね。それは日本人の場合、がんを招き、命を縮める習慣です。

たとえば「健康オタク」のサンプラザ中野くん。板に寝るなどあらゆる健康法を試し、「1日1食ベジタリアン(菜食主義)」を長く続けて、ガリガリに痩せています。

本来は肉が大好物で、ガバガバ食べていたそうですが、健康不安から動物性食品を断ち、1日の摂取カロリーも1600kcal以下に抑えて15年以上たったときのこと。テレビ番組の企画で検査した結果は、当時55歳にして、なんと「血管年齢59歳、骨年齢70代後半」。実年齢よりかなり老化が進んでいました。

中野くんの老化の一因が、たんぱく質不足にあることは明らかです。

一般のかたもよく「健康のため」「がんがこわいから」と、玄米菜食、肉抜き、乳製品を摂らない、断食などの食事療法を続けていますね。

しかし人体は皮膚も内臓も血管も骨も、たんぱく質の繊維で形づくられています。日本が貧しく、動物性たんぱく質をほとんど摂れなかった頃、日本人の平均寿命は50歳ぐらい。死因のトップは、血管が切れたり詰まっておきる脳卒中でした。戦後、肉や卵や乳製品をふつうに食べられるようになると、日本人の寿命はぐんぐん延びて、1980年代からずっと世界トップレベルの長寿国です（WHO統計）。

いわば日本人は、国民的な大実験によって「元気で長生きする基本は、動物性たんぱく質も含めてバランスよく栄養を摂ること」と、証明してみせたんです。

## ●日本人は、がん死が心筋梗塞死の10倍。アメリカでは心筋梗塞死が日本よりずっと多い

日本人が検査データのコレステロール値を、目のかたきのように減らそうとするのは的はずれ。私はそう思います。

**コレステロールを悪玉とみるのは、心筋梗塞を予防する意味合いが強い。**

日本は、がん死が心筋梗塞死の約10倍も多い「がん大国」。アメリカの方は日本よりはるかに心筋梗塞で死ぬ人が多い「心筋梗塞大国」です。だからコレステロール値の高すぎるアメリカ人は、減らしたほうがいいこともあるかもしれません。

しかし日本人は、そんな心配は無用でしょう。なぜならアメリカ人の肉の摂取量は1日平均約300グラム。日本人は約80グラム。ハワイの日系人は肉を1日平均120グラム摂りながら長寿ですから、日本人は肉の摂り方が、むしろ少なすぎると私は思います。

コレステロールを下げるような食事制限をすると体の免疫機能が落ちて、むしろ、がんを発症しやすくなります。実際**「コレステロール値が低い人ほど、がんになりやすい」というデータが出ています。**免疫力の低下は、インフルエンザ、新型コロナ、肺炎などの感染症のリスクも高めます。

また、コレステロールを減らすと男性ホルモンの生成も減るので意欲が低下し、ED（勃起障害）も起きやすい。「元気のない年寄り」になってしまうのです。

さらに脳機能の老化も早めるので、うつ病も招きます。

食事制限は禁欲的で「あれはダメ」「これは嫌いだけど毎日食べねば」とストレスがたまるのも問題です。「わあ、おいしそう」とワクワクしたり、好物に夢中でかぶりついたりするのはすばらしい生きがい、生きる喜び。五感も脳も活性化し、栄養がしっかり吸収されて、これぞ最高の健康法です。人生を楽しみましょう。

## 無口・がんこ・非社交的・投げやり
## ……認知症

脳を衰えさせるのは、変化に乏しく、
体を動かさない引きこもり生活。
新型コロナ禍で、認知症の悪化が深刻に

## ●高齢になるほど、体も脳も使わないとみるみる衰えてリハビリが難しい

1日中テレビをボーッと見ているだけで、話し相手もいない。笑うこともほとんどなく、口癖は「めんどくさい」「どうでもいい」……。

脳を衰えさせるのは、変化と動きに乏しくて五感がいつも居眠りしているようなマンネリな暮らしです。そして、衰えはみるみる進行します。

若い人ならスキーで骨折して1カ月寝ていても、ギプスが取れた翌日から歩ける。ところが年を取って1カ月も寝たきりでいると、1カ月以上リハビリをやってももと通りに歩けないことも多い。使わなかったときの衰え、「廃用」がひどいんです。

認知を仕切る脳の前頭葉は、画像診断データを見ると40代ごろから萎縮がはじまり、放置するとどんどん進行していきます。感情年齢は前頭葉と密接な関係にあるので、**熟年になると「なにを見てもおもしろくないし感動しない」「やる気が起きない」「気持ちの切り替えもできない」**という状態になりやすいんです。

感情そのものも使わないと老化します。喜怒哀楽の振り幅が少ないと心はどんどん弾力を失い、伸びきったゴムのように退化していきます。心して前頭葉も感情も使っていかないと、早々にウッカリが増えて、60代でボケ症状が出始めてしまいます。

日本の65歳以上の高齢者50万人調査では「**外出や人との交流が減ると、認知症や要介護のリスクが高まる**」**ことが、はっきりしています。**

「歩行時間が1日30分未満」「外出頻度が少ない」「友人と会う機会が月1回未満」「地域の催しへの参加がない」「仕事や家事をしていない」などの項目にチェックの多い高齢者ほど、3年後に要介護認定になっていることが多いんです。

## ●前頭葉の大好物はドキドキ、ワクワクなどの「ときめき」。運動も脳細胞を増やす

高齢化が進むこの国では、もともと「認知症800万人時代目前」と言われていたところに新型コロナ禍で「家ごもり」の追い打ちがかかって、深刻な状況です。

2020年8月に日本認知症学会が発表した調査データでは、認知症患者の症状悪化を「多く認める」「少数認める」と答えた専門医が4割にものぼりました。

悪化した主な症状は意欲の低下、うつ症状、記憶などの認知機能の低下、行動心理症状（不安やストレスが原因でおきる、怒りっぽくなる、妄想、徘徊などの症状）。

コロナ渦が一段落しても活動範囲が狭まったまま、認知症が一気に進む高齢者も急増しています。運動不足も大きな問題で、筋肉量が減り、血流が悪くなることは脳細胞の衰えと直結します。


**前頭葉の大好物は「ときめき」です。**ドキドキ、ワクワクする心があれば、脳の老化は遠ざかります。「時間を忘れて熱中できることを見つける」「楽しそうなことはなんでもやってみる」……。

S・ウルマンの有名な詩「青春」にあるとおり、「60歳だろうと16歳だろうと、人には驚異にひかれる心、おさな子のような未知への探求心、生きる喜びにあふれた興味がある。精神が皮肉の雪に覆われ、悲嘆の氷に閉ざされるとき、20歳だろうと人は老いる。頭を高く上げ、希望の波をとらえる限り、80歳であろうと人は青春の中にいる」のです。

特に仕事一筋できた中高年男性は心して、楽しみ上手になってください。

# 誠実・知的・勤勉…健康長寿

科学的根拠に基づく8900人の「性格特性と長生きの関係」調査などで「誠実な人」が最も幸福で長寿。知的生活者も長寿

## ●高齢になっても「目標」に向かって行動する力が寿命を伸ばす

日本でも世界でも、**最強の成功法則は、結局のところ「誠実」**、というシンプルな研究結果が、よく報告されます。責任感がある。約束を守る。健康管理ができている。計画性がある。勤勉。常に目標を掲げ、地道にトライし続けて結果を出す…。

そういう「誠実さ」が、健康長寿にも深くかかわることがわかってきています。

心理学の世界で、最も信頼できる性格テストとされる「ビッグ5」。

米オレゴン大学のゴールドバーグ名誉教授が提唱した、個人の性格に関する学説です。人の個性を①開放性 ②誠実性 ③外向性 ④協調性 ⑤精神的安定性の、5つの因子の強弱から分析する性格診断法です。

このビッグ5で分析した、20の研究の総まとめが報告されています。

世界中の合計8900人以上の人々の「性格と長寿」の関係を、5つの要素から分析したら「誠実性と寿命」に関連が見つかりました。

誠実な人の傾向として、ほかの人より注意深く、効率的で、自制心も強く、常に目標を立てて達成を目指している、という特徴がありました。

そして研究の結果として、とりわけ「高齢になっても何かしらの目標を意識して行動する力」が、平均して2年〜4年も寿命を延ばすことがわかりました。

男女を問わず、**誠実な人はほかの人に比べて、より安定した仕事や結婚生活に恵まれていてストレスが少なく、お酒や喫煙もひかえめな傾向がありました。**

結論は「誠実な人々はさまざまなリスクを自ら遠ざけ、より良い健康習慣を身につけている。心理的にも健康な生活を維持し、さらに健康に生きられる生物学的要因さえ持っているのかもしれない」。これは、誠実に生きなきゃソンです。

## ●だから学者は長生きする？　「知的機能」を高く保っていると長生きしやすい

それから、お坊さんと並ぶ長寿の職業として「学者」がよく挙がりますね。

「知的機能」を高く保つと長生きできる、という、おもしろいデータを紹介します。

オランダのアムステルダムに住む、55歳から85歳までの2380人が「4年後にどれだけ死んでいるか」を調べた研究者がいます。

健康状態よりもはっきり寿命との関係が認められたのが、アルファベットの並び替えを行う「情報処理速度」のテスト結果でした。

上から１２００人の死亡率は５・８％。下から１１８０人の死亡率は16・４％。3倍もの大差がついたんです。また、暗記、計算、推理系の知能テストの成績でも、上半分の死亡率は７％、下半分は15％とこれも倍以上の開きでした。**学歴は関係なく、要するに「年をとっても頭をよく使っている人」が長生きしていました。**

私は60代になった今、改めて、精神分析という仕事を選んで本当によかったとつくづく思います。この仕事を始めたとき、先輩から「精神分析の学会に行くと70代、80代の人が当たり前に出ているから、一生楽しめるよ」と言われたんです。

確かにフロイトは83歳まで、私の留学先の祖のカール・メニンガーも、96歳で亡くなる直前まで精神分析をやっていたそうです。特に心の治療は、歳を重ねて経験を積むほど上達する種類のものなので、現役を続けやすいんです。

仕事を長く続けるということは、日々、頭も感情もよく使い、課題に誠実に対処し続けていくことですから、生きがいと健康長寿と、一石二鳥の幸せに恵まれます。

仕事を選んだり、転職するとき「年をとっても現役でやれる」ということを意識することも大事だと思います。

# 第7章

# ログセの整理学

# やってみないとわからない

やりもしないでダメ出しばかりでは、
人生は１ミリも好転しない。
悩みは行動で軽くなり、正解は人それぞれ。
あらゆることを試そう

## ●シンプルに「やるしかない」。悩みは「期間限定」にして、行動しながら考える

生きていると、台所のゴキブリ問題から命を左右する一大事まで、実にさまざまな悩みや課題や迷いがわき、ストレスがかかり、壁にぶち当たります。

ありがちなのが「ああでもない、こうでもない」と考えるだけで、動かないこと。「この方法は違う」「うまくいくわけない」「自分に向かない」などと、「できない理由」を並べて先に答えを出して、結局なにもやらない。

「何かをしたい者は手段を見つけ、何もしたくない者は言いわけを見つける」という海外の格言もあるので、人間はみんな「言いわけグセ」がつきやすいんですね。

でも、ダメ出しばかりしていても、人生は1ミリも好転しません。

壁を乗り越えるにはシンプルに「やるしかない」。これしかないです。

考えすぎる人に、私はいつも「いろいろやってみないとわからないし、正解は人それぞれだから、ありとあらゆるものを試してください」と言うんです。

これからは、悩むのは「期間限定」にして区切りをつけて、行動しながら考える癖をつけてください。動くことによって、少なくとも気持ちが軽くなります。

## ●エジソン曰く「失敗はしたことがない。うまくいかない方法を1万通り〝発見〟した」

私自身、苦しい思いはしょっちゅうです。でも、もがきながら、手探りしながらその場その場で最善と思えることをやって、ダメなら方向転換して、やり続ける。すると、自分らしい解決策の手がかりが見えてきます。「よし、大丈夫」と信じてさらにやり続けると、思いがけない援軍が現れたり、新しい道が開けたり。やってもやってもラチがあかなくても、あきらめない限り可能性が残っている。

**「ふられるかもしれないけど声をかけよう。ダメだったら、どうしたら好かれるか考えて、別の女性にまたアタック」。そう思える人には、彼女ができるものです。**

何度でも言いますが、やってみる回数さえ増やせば必ず「運」も「ツキ」もよくなります。出会い運でも仕事運でも、人と会う回数、トライの回数を増やすほど、いい人と出会ったり、うまくいく回数は自動的に上がるはずです。さらに人を見る目や仕事のスキルも、経験を積むほど磨かれる。つまり、いい結果を出す確率も上がることが多いのです。

また一生懸命やっていると、目にとめて引き上げてくれる人もよく現れます。

失敗して傷ついたり、自信をなくすのがこわい、という声もよく聞きます。

世の中でなにかを成し遂げた人は口を揃えて、「失敗は成功の母」「失敗からなにを学ぶかが大事」と言っています。

たとえば発明王エジソンは、電球フィラメントの素材を探し求めて世界中の植物、動物の皮や毛、金属から友人のヒゲまで何千種類も試して、ついに京都の「竹」が圧倒的に、高熱に強いことを発見しました。

「今まで1万回も失敗されて大変でしたね」と周囲に言われるとエジソンは「失敗なんてしてないよ。うまくいかない方法を1万通り〝発見〟したんだ。それを失敗と呼ぶなら、成功と同じぐらい貴重だから、これからも積極的に失敗したい」。

ユニクロの柳井正社長も「行動してみる前に考えても無駄です。行動して修正すればいい」と語っています。「とりあえず動く」「すぐやる」で、人生は一変します。

## ありがとう

相手の名前を呼んで、
笑顔で「ありがとう」。
これで人間関係が劇的に変わる。
トラブルが遠ざかる。
元手ゼロ円の魔法

## ●『鬼滅の刃』で「ありがとう」を再発見。笑顔と「プラスのひとこと」も忘れずに

シリーズ累計1億部に迫る鬼退治コミック『鬼滅の刃』は、炭を売りに行く主人公・炭次郎に、母親が「ありがとう」とほほえんで送り出す場面から始まります。炭次郎自身も周囲にまめに感謝を伝えながら、鬼と闘います。

**「ありがとう」は、言った方も言われた方も心がなごみ、トラブルが遠ざかる、まさに「鬼滅」のキーワードです。**好きな言葉、子どもが親に言われてうれしい言葉などのアンケートでも、「ありがとう」は常にトップグループにランクイン。

ありがとう。かなり疲れたんじゃない？

どうもありがとう。いつもながら早いなあ、助かったよ。

ありがとうございます。おかげさまで間に合いました！

ありがたいと思ったら、なるべく笑顔で、できれば「プラスのひとこと」も添えて、感謝の気持ちを惜しみなく、声に出して伝えてください。

知り合いなら「○○さん、ありがとう」と、必ず名前も呼びましょう。

人間は自分のことが大好きで、自分の名前ほど甘い響きを持つ言葉はほかにない、と言われます。「最初に名前を呼ぶと、続いてどんなことを言っても、相手に関心を持ってもらえる」というデータもあります。

## ●対立を避けながら「ノー」を言いたいときは「ありがとう。でも…」が有効

この「笑顔でありがとう習慣」は、あなたの存在感を高めます。名前を呼ばれて感謝されるなんて、めったにないうれしいハプニングで、強く記憶に残りますから。

会話が「ありがとう」で始まってなごやかな空気が生まれると「その後どういう話になっても穏やかにやりとりできて、もめない」というメリットもあります。

また「ありがとうと言うたび心が落ち着く」メンタル効果もあります。人の親切を素直に受けとめ、感謝を素直に言えた自分に満足して、心が安定するんです。

**寝るとき「ありがとう」と言いながらシーンを思い浮かべると、リラックスして安眠しやすい。**そんな**報告**もあるので、**寝つきの悪いかたは試してみてください。**

対立を避けながら「ノー」を言いたいときは「ありがとう、でも…」が有効です。

「ありがとう、でも明日の朝が早いので失礼します」
「お気遣いありがとうございます。でも今回は見送らせてください」
同じ断るにしても、相手に伝わる印象が段違いにやわらかくなります。

**「ありがとう」が身につくと、まわりに人が集まるようになり、いい話が舞いこみ、気分は明るく前向きになって、幸運と健康長寿を引き寄せます。**

そんなうまい話あるわけない？　ものは試し、今日からたとえばコンビニの店員さんに、笑顔ではっきり「ありがとう」を言うようにしてみてください。ニッコリ、などのうれしい反応が返ってくることもあるから、楽しんで続けましょう。

口グセになったら次は、「ありがとう。手ぎわがいいですね」「今日はありがとうございました。よくわかりました」などと、ほめ言葉を添える練習を積みます。

元手ゼロ円、「ちょっと照れる」以外なんの苦労もなく、無限のメリットと明るい未来につながる「ありがとう」の魔法。もちろんあなた自身も、「ありがとうと言われる」機会も増えるように目いっぱい工夫して、最高の人生にしてください。

# 教えてください

人間は自分のことにいちばん興味がある。
会話がうまく続かないなら、
「教えてください」と聞き役に徹してみる。
話し上手は聞き上手

## ●会話が自然に続く人は、相手を気持ちよくさせて話を引き出している

どうも会話がうまく続かない、と悩んでいる人は多いですね。

気まずい沈黙が流れるのがこわいから、焦ってあれこれ話題を振っても、相手は乗ってこない。共感を示そうと「わかります」「もっともです」と相槌を打っても、ただ調子を合わせているのを見破られて、かえって相手をしらけさせる…。

**そういう「会話ベタ」の人は、「教えてください」と、思いきって聞き役に徹してみてください。**

会話が自然に続く人は相手を気持ちよくさせて、話をどんどん引き出しています。

そのキーワードが「教えてください」。

人間は自分のことにいちばん興味があるので、自分に備わる知識・経験に相手が関心を示して、「教えて」と言われると、誰でも機嫌がよくなり、とっておきの情報を教えてくれます。

こちらは自我を捨てて「聴く」ことに集中。すると的確な反応や質問ができるので、相手はさらに喜んで話がはずみます。まさに「話上手は聞き上手」です。

## ●知ったかぶりをして話の腰を折るクセを改めよう

たとえば、同世代の友人と久々に会い、思い出話のあと仕事の話に移っていったとき。私はこの時間が楽しみで、「その話もっと教えてよ」と、よくせがみます。**どういう仕事でも、その現場にいる人は外部の人間には想像もつかない情報や知識を持っています。**でも職場内では当たり前のことだから、話題にもならない。だから、彼らがなにげなく仕事のことを口にしたとき、私が興味シンシンで質問すると、「こんな話、おもしろい？」と逆に驚かれます。でも、私にしてみれば「へーえ」「そうだったのか！」と新鮮な驚きの連続です。すると友人たちは上機嫌になって、「こんなことまで話していいのかなあ」「これ誰にも言っちゃダメだよ」と、とっておきの話をいろいろ繰り出してくれる。ものすごく勉強になるんです。

これは友人・知人、家族、同僚、上司、掃除のおばさん、店員…とオールマイティに応用できます。同じ社内でも課が違えば持っている知識は全く違うし、出入りの業者さんも特ダネをいっぱい知っています。夫婦間や親子間でも「ちょっと教えて」のひとことで、想像もしなかった深い話を聴けて見直したり。

**そうやって気持ちよく教えてもらったら、最後に「ああ面白かった。ありがとう。またいろいろ教えてよ」「とても勉強になりました。ありがとうございました。この次は○○のこと教えてください」**…。感謝と「またよろしく」の思いを伝えます。

会話はキャッチボールなので、今度は相手から「きょうはなんだか自分ばっかりしゃべってしまった。今度はあなたの話を聞かせてね」とオファーがあったりして、ハッピーな関係が生まれます。

例外は、いわゆるエリートに多い、内心「自分がいちばんえらい。デキる」と思っているオレサマです。「教えてください」と言うと、いかにも人を小バカにしたように、理解不能の専門用語をちりばめてまくしたてる。人の話を聞く耳は持たず、「世間なんてそういうもんだよ」「組織はどこも同じ」などと知ったかぶりをして、平気で話の腰を折ってきます。そういうタイプからは、逃げるが勝ちですね。

## 二足のわらじ、三足のわらじ

もはやいい大学を出ても、
医師や弁護士の資格を持っていても、
「食べていく」ことすら保証されない。
たくましくなろう

### ●同級生が勤める金融機関が倒産したと聞いて、うつ病に。リスクヘッジを！

もはやいい大学を出ても、医師や弁護士の国家資格を持っていても、地位はおろか「食べていく」ことすら保証されない時代になってしまいました。

私のカウンセリングルームに、先日は40代の、一流大学卒のエリート銀行員が相談にみえました。大学の同級生が勤める金融機関が倒産して、失業した。それを聞いて、自分がウツになってしまったというのです。いわく「○○大学を出て、出世競争に敗れる心配をしたことはあったけど、失業の心配なんてしたことがなかった」。

私がこうして一般向けの本をたくさん書かせてもらうようになっても、精神科医や受験産業の経営を辞めないのは、もちろんやりがいがあるからですが、保険でもあると考えています。

二足のわらじ、三足のわらじを履いた方が人生が豊かになると同時に、リスクヘッジにもつながる。なにかで失敗しても、別のものが残っていればパニックになりません。

医者になる、小説家になる、ベンチャー企業を興すなど、いろいろな夢を持つことは、とてもいいことです。でも、その夢のために今すぐ会社を辞める必要はまったくありません。勤め先があって、別に新しいことを始めたいという場合には、クビになるまでは会社にしがみついた方がいいです。

お金もうけをしていると勉強ができなくなる、と思う人もいるかもしれませんが、それも違うと思います。「お金を稼いで、そのお金でさらにたくさん勉強をしよう」という考え方をした方が、はるかに生産的です。


**仕事の分野でも、二足のわらじを履く時代はもう来ています。**時代が過渡期に入っているからこれは当然だと思います。

会社から給料をいただきながら、新しい世界へ羽ばたけるように、ギリギリのところで折り合いをつけるのが賢い道です。

## ●もはや、何かをやるために今やっていることを捨てる必要はまったくない時代

それでも世の中には「勉強かスポーツか」「仕事か家庭か」というような二者択一の考え方をする人が意外に多いですね。

両立できないと考えるのは偏見であり、決めつけだと私は思います。両立できている人は世の中にたくさんいます。

サイドビジネスをはじめたいという場合も、会社を辞める必要はありません。就業規則がどうなっているかの問題はありますが、いま「副業をやっているからクビだ」とは言いにくい社会情勢になっています。

むしろ、会社側も職と給料を保証しきれなくなっているから、「副業でもやって自分でお金を稼いでもらいたい」というのが本音でしょう。

サラリーマンの副業を公認する企業も出てきているし、世の中で活躍する人たちを見ても、三足も四足もわらじを履いた人が少しずつ増えてきています。

もはや、何かをやるために今やっていることを捨てる必要はまったくない時代なのです。

**上手に二足も三足もわらじを履いた方が、人生は確実に豊かになります。**

## あとがき

私は子ども時代、勉強だけが取り得のイジメられっ子でした。中学生になっても大きなゴミ箱に閉じ込められて授業に出られなかったり、紐で縛られて校舎の3階から吊るされかけたり。そのせいか、大人になってからも「人を見返してやろう」とは思っても「人と仲良くしよう」とは、なかなか思えなかった。

ひがみっぽくズルいところもあり、知り合いに「性格が悪い」と言われたことも珍しくないし、まわりから「いやなヤツ」と思われている気配もよく感じました。

さらにカッとしやすくて、人の気持ちもよくわからなかった。研修医時代に結婚したときは、実の兄弟から「いつまでもつか」とさんざん心配されたほどです。

仕事では会社の乗っ取りや莫大な借金などの「どん底」に何度も落ちて、「オレは運が悪い。それに比べてアイツは」と、ひがんでばかりいました。

**そんな私が変われたのは、患者さんを診ていて「心を病む人の多くは、自分は不運だと訴える」ことに気づき、「オレは運がいい」を口癖にしたからだと思います。**

40代になって「運、不運は考え方ひとつ。挑戦の回数を増やせば、自動的に成功確率は上がるんだ」と気づいて、とにかく動くようにしたら、30年来の映画制作の夢がかない、友達もどんどん増えて、人生が一気に豊かになりました。
60歳の今、昔の自分がウソみたいに毎日が快適です。血糖値は300をこえ、血圧も上が160〜170ありますが、体調もいいです。
人を「言い負かす」のが快感だったのも改め、「あなたの意見も一理ある。だけど自分はこう思う」と伝えるようにしたら、とたんにコミュニケーションが良好に。
私が感情の向きを変え、思考パターンを広げる努力をしたのは、この3点です。
1「自分は人より短気」と強く自覚し、怒りをうまく発散することを意識する
2「自分は正しい」という狭い見方を捨てて、できるだけ視野を広げて考える
3「損して得取れ」で、目標のために頭を下げたり相手を立てる分別を持つ
あなたに合う「感情の整理学」のヒントも、本書に1つでもみつけられたのではないでしょうか。勉強と同じで、コツをいくつか覚えると、心の状態も体調も人生も一気に好転しますよ。

2020年10月　和田秀樹

## 和田秀樹（わだ・ひでき）

1960年大阪市生まれ。1985年東京大学医学部卒業。東京大学医学部付属病院精神神経科、老人科、神経内科にて研修、国立水戸病院神経内科および救命救急センターレジデント、東京大学医学部付属病院精神神経科助手、米国、カール・メニンガー精神医学校国際フェロー、高齢者専門の総合病院でもある浴風会病院の精神科を経て、現在、国際医療福祉大学赤坂心理学科教授、川崎幸病院精神科顧問、一橋大学経済学部・東京医科歯科大学非常勤講師、和田秀樹こころと体のクリニック院長。著書に『比べてわかる！フロイトとアドラーの心理学』『自分が「自分」でいられるコフート心理学入門』（以上、青春出版社）、『自分は自分 人は人』『感情的にならない本』（以上、新講社）など多数。



## 感情の整理学

2020年11月4日　初版第1刷発行

著　者　和田秀樹
発行者　澤井聖一
発行所　株式会社エクスナレッジ
〒106-0032 東京都港区六本木7-2-26
https://www.xknowledge.co.jp/

問合先　編集 TEL.03-3403-6796
FAX.03-3403-0582
info@xknowledge.co.jp
販売 TEL.03-3403-1321
FAX.03-3403-1829